Heinz Nußbaumer

KHOMEINI

Heinz Nußbaumer

Khomeini

Revolutionär
in Allahs Namen

BIOGRAPHIE

Herbig
Aktuell

Bildnachweis:
Associated Press, gamma, Keystone

Schutzumschlag: Christel Aumann, München
Satz: VerlagsSatz Kort GmbH, München
Druck- und buchbinderische Verarbeitung:
Mohndruck, Rheinhard Mohn OHG, Gütersloh
Printed in Germany
ISBN 3-7766-0961-3

Dank schuldet der Autor seiner Zeitung, dem Wiener KURIER,
dessen Khomeini-Serie zum Fundament dieses Buches wurde, sowie den Korrespondenten Brigitte Fuchs (Athen) und Thomas Fuhrmann (Paris/Teheran) für ihre Beratung und Mitarbeit.
Wertvoll waren die Hinweise der Experten Prof. Falaturi (Köln) und Dr. Hirschfeld (Wien), sowie die Fülle persönlicher Erfahrungen Iraj Tavakolli's (Wien).

Ohne die unermüdliche Begleitung im Zehnfingertakt durch Margarete Fojtik wäre dieses Buch nie termingerecht geschrieben worden.

Inhaltsverzeichnis

Der Mann aus dem Nichts

Sein Erfolg kennt kein Beispiel in der jüngeren Geschichte: per Fernsteuerung besiegte ein ohnmächtiger Gottesmann einen allmächtigen Kaiser in Persien. Es war ein Triumph, erzielt ohne einflußreiche Verbündete, ohne Panzer und Soldaten und bis zur letzten Phase auch ohne einen einzigen Schuß. Wie immer das politische Schicksal über diesen islamischen Einzelkämpfer entscheiden wird, als Phänomen von zeitgeschichtlichem Rang ist dieser Mann nicht mehr wegzuleugnen. Genauer gesagt, der Mann und seine geistige Umwelt; der politisierende Theologe und die Bewegung, für die er verantwortlich ist.

Das hebt die Ereignisse in Persien – ganz abgesehen von ihrer politischen, wirtschaftlichen und militärischen Dimension – so sichtbar über den blutigen Alltag dieser Welt hinaus, läßt den Namen Khomeini für viele Millionen Menschen im Westen zu einem Kürzel für das widersinnig Scheinende werden; für eine Entwicklung, die nicht nur westlicher Logik und politischen Prognosen widerspricht, sondern auch den wichtigsten Formeln, die sich die Industriestaaten über die Zukunft der Dritten Welt zugelegt haben.

Die Karriere dieses Mannes kennt viele Gründe. Sie wäre ohne den Nährboden jahrzehntelanger kaiserlicher Herrschaft über Persien, ohne die überstürzte Wirtschafts- und Sozialentwicklung im Land unmöglich gewesen. Sie setzt auch ein ganz bestimmtes weltpolitisches Klima voraus. Religiöser Eifer ist dagegen nur mit Einschränkungen als ein echtes Motiv des dramatischen Wandels im Iran gültig. Die grüne Fahne des Propheten, die Khomeini in seinem Duell mit dem Schah so sichtbar in Händen hielt, erwies sich zwar als ein weithin leuchtendes Zeichen zur Sammlung aller Schah-Gegner. Als Symbol des Sieges einer konkreten theologischen Dogmatik aber blieb ihre Bedeutung selbst am Höhepunkt des Triumphes fragwürdig. Als die Perser mit Khomeini gegen den Kaiser revoltierten, akzeptierte die – in den Details

eher wenig informierte – Millionenschar zwar in einer deutlichen Mehrheit die religiösen Grundsätze ihres Helden als ein mögliches Gegenmodell zur bestehenden, verhaßten Ordnung. Der Volksaufstand aber fand nicht deshalb statt, um die Vision Khomeinis vom »Gottesstaat« zu verwirklichen. Gerade dieses Verständnis um die wahren Motive jener Massenbewegung, die mit dem Namen des Schiitenführers verbunden bleibt, scheint den Europäern besonders schwer zu fallen. Und noch in den Tagen, in denen der 76jährige Ayatollah von der Bevölkerung seines Heimatlandes jubelnd begrüßt wurde, fiel ein seltsamer Unterschied im Wissensstand einer breiten Öffentlichkeit ins Auge: Zeitungen und elektronische Medien lieferten ein fast minutiöses Bild von den Ereignissen in und um Teheran, vom Jubel um Khomeini, vom letzten verzweifelten Ringen seiner Gegner. Gleichzeitig aber blieb die Zentralfigur in dieser Auseinandersetzung ein mysteriöses Fabelwesen – politisch und menschlich. Unklar waren seine Ziele – die Frucht jahrzehntelangen Denkens und Meditierens. Unklarer noch sein persönlicher Lebensweg – die Herkunft Khomeinis blieb selbst dann noch von einer geheimnisvollen Dornenhecke umgeben, als ihn die Medien längst zu einem Spitzenstar gemacht hatten.
Die Frage »Wer ist dieser Khomeini wirklich?« blieb in der Hektik der Unruhen, Demonstrationen und Streiks so gut wie unbeantwortet. Sowohl im engeren biografischen Sinn als auch in ihrer umfassenderen Bedeutung.
Wie war es möglich gewesen, daß diese Welt mit all ihren Informationsströmen, Agenten, Diplomaten, Satelliten und Computerbänken diesen alten Mann als Zentralfigur im Zentrum allen Öls einfach übersah? Wie konnte ein vergessener Theologe zum Bezwinger eines angeblich unbezwingbaren Diktators werden, der von sich selbst behauptete, daß 99,9 Prozent der persischen Bevölkerung bedingungslos hinter ihm stünden – und der noch vor fünf Monaten vor der Flucht

aus dem eigenen Land selbstsicher verkündet hatte »Niemand kann mich stürzen ... ich habe die Macht«? Ein Kaiser, dem eine der stärksten Armeen der Erde in – so schien es – bedingungsloser Treue ergeben war.

Wie war es möglich, daß ein Volk von über 30 Millionen Menschen, das ein halbes Jahrhundert lang dem täglichen Sperrfeuer kaiserlicher Propaganda ausgesetzt war, so plötzlich und unerwartet die »Sonne der Arier« (so der Ehrenname des Schah) untergehen ließ, um einem neuen Stern zu folgen, den die Perser hingebungsvoll als »Licht aller Gläubigen« bejubelten? Und wie ist zu erklären, daß sich eine ganze Generation von Wirtschaftswissenschaftlern mit ihrer Devise täuschte, wichtigste Voraussetzung für politische Stabilität sei die wirtschaftliche Entwicklung eines Landes? Keiner unter den Machthabern aus Entwicklungsländern hat mit einem ähnlich großen Einsatz ein nach westlichen Begriffen ambitioniertes Wirtschafts- und Entwicklungsprogramm verwirklicht, hat Sozialreform, Landreform, Schulreform und Industrialisierung sosehr vorangetrieben. Und dennoch erntete der Schah nicht die erhoffte politische Stabilität, sondern den Volksaufstand.

Nach der Wahl des chinesischen Parteichefs Hua Kuo-feng zum Erben Mao Tse-tungs im Februar 1976 erlebte das vielgepriesene Zeitalter totaler und weltweiter Information nun schon zum zweiten Mal ein schreckliches Desaster. Denn mit Khomeini war wieder eine Hauptfigur politischer Umwälzung einfach übersehen worden. Praktisch ein ganzes Leben lang. Die Archive westlicher Staatskammern und Geheimdienst-Zentralen über diesen Mann sind weitgehend leer. Diese Blamage ist um so gefährlicher, als sie sich in einer der großen Krisenzonen der Erde ereignet hat. Abstieg und Fall des persischen Schah veränderten Anfang 1979 eine geopolitische Situation, die zuvor von den Großmächten in Ost und West gewünscht oder zumindest akzeptiert worden war, denn das Kaiserreich hatte in den Jahren zuvor selbstbewußt eine gewaltige Verantwortung übernommen: Puffer zu sein zwischen westlichen und östlichen Interessen und ein Scharnier zwischen Europa und Asien. Der Machtverlust des persischen Kaisers ließ zahlreiche Ölherren am Persischen Golf, aber auch die Konsumenten des »schwarzen Goldes« in Amerika, Europa und Japan sichtlich erzittern.

Der Gottesmann Khomeini konnte zur Zentralfigur der gewaltigen Umwälzung werden, weil er der allererste und der unbeugsamste Feind der kaiserlichen Herrschaft in Teheran war. Seit drei Jahrzehnten verlangte er stereotyp den Rücktritt des Schah – und er schrie seine Botschaft auch dann hinaus, als andere Kritiker der kaiserlichen Herrschaft an der scheinbaren Allmacht ihres Feindes verzweifelten und ein solch wahnwitziges politisches Ziel kaum im Stillen zu denken wagten. Unbeeindruckt vom Machtgefälle zwischen dem Herrscher und ihm, dem Kritiker, schrieb und predigte Khomeini halsstarrig, der »Teufel« müsse vom Phauenthron verjagt werden. Und die Religion, für die er auftrat, gab ihm dazu nicht nur die Legitimation, sondern auch die Tröstungen: »Ein gerechtes Wort an einen ungerechten Herrscher zählt mehr als hundert Jahre Gebet«, heißt es in den islamischen Überlieferungen. Und der Tod im Kampf gegen den Tyrannen öffnet das Tor ins Paradies.

Daß die Welt diesen Savonarola des Islam solange nicht hörte, das hat zwei Ursachen: sein Gegenspieler, der persische Schah, schaffte es über Jahrzehnte hinweg fast perfekt, Khomeini lebendig zu begraben. Und eine westliche Öffentlichkeit, die lange Zeit zu jeder nur denkbaren Demutsgeste gegenüber dem Schah bereit war, hätte in den Jahren der großen Persien-Euphorie seiner Botschaft auch kaum zuhören wollen. Schließlich aber war es der Kaiser selbst, der durch seinen Geheimdienst SAVAK die Machtfülle zum eigenen Schaden mißbrauchte, und – falsch kalkulierend – den Verbannten durch einen wüsten Schmähartikel in Persiens Zeitungen in den politischen Alltag zurückkehren ließ. Er löste damit jene Bewegung aus, die letztlich auch von Zehntausenden Toten in den Straßen des Iran nicht mehr gebremst werden konnte. Im Gegenteil.

Denn der greise Heilige mit dem buschig weißen Bart und den dicken schwarzen Augenbrauen hatte in vierzehn langen Exiljahren (in der Türkei, im Irak und zuletzt in Frankreich) nur scheinbar an Macht und Einfluß verloren. In Wirklichkeit stand ihm eine Armee zur Verfügung, gegen die keine Kanonen und auch keine Bombenflugzeuge modernster Bauart entscheidend gewinnen konnten. Das Bild ist öfters gebraucht worden, aber es bleibt exakt: 180000 Mullahs im ganzen Land, die »Unteroffiziere Allahs«, waren seine Soldaten. Als Priester und Schulmeister, als Tierärzte, Schreiber und Sozialhelfer waren sie die geistige Elite in tausenden persischen Dörfern, die im Schatten der kaiserlichen Modernisierung geblieben waren – und damit praktisch eine unbesiegbare Macht. Und die 80000 Moscheen dieses Riesen-Landes waren die Basislager Khomeinis, waren seine Kasernen und Propagandazentralen. Über Jahrzehnte blieben sie für den Kaiser unbezwingbar, weil die Religion sie unantastbar gemacht hatte.

Seit der einstige Schafhirte und spätere Kosakenoberst Reza Khan im April 1926 zum Schah Reza gekrönt wurde, war die Dynastie der Pahlewis auf der Suche nach einem göttlichen Ursprung gewesen, um ihre Herrschaft abzusichern. Sein Sohn Mohammed Reza verankerte die kaiserliche Allmacht schließlich 1971 durch ein pompöses Fest in der 2500 Jahre alten Glorie von Persepolis, von Darius und Xerxes. Dieser Anspruch – so reizvoll er für eine Millionenschar von Illustriertenlesern auf der Suche nach antiquiertem Glitter war – festigte vielleicht die außenpolitische Position Persiens als freiwilliger »Polizist« im Ölparadies, bedeute im Iran selbst

aber eine gefährliche Herausforderung: hier wurden offensichtlich die islamischen Säulen des Staates gegen altpersische Fundamente ausgetauscht, hier wurde Allah sichtlich von Zarathustra herausgefordert.
Der alte Khomeini und seine Mullahs mußten solche Bezüge nicht suchen, denn ihr Anspruch ging um eine ganze Ewigkeit weiter zurück und ihre Basis umschloß das ganze Volk. »Gott ist allmächtig und Khomeini ist unser Wegbereiter«. Schlagworte wie diese beherrschten wochen- und monatelang die Straßen persischer Städte.
Der Machtanspruch des greisen Schiitenführers stützte sich aber nicht nur auf die Kraft und Autorität seines Wortes. Was die Perser an ihm faszinierte, war die Integrität seiner Person: für Millionen Menschen symbolisierte dieser Mann das einzig Saubere, das dem Land geblieben war. Seit Jahrzehnten hatte er gegen all das getrommelt, was wir Europäer als Fortschritt bejubeln, oder als eine Randerscheinung der modernen Zeit akzeptieren (von Zinsgeschäften, die der Islam verbietet, bis zu Spielkasinos und Sexfilmen). Er hatte für die Rückkehr zum einfachen Leben gekämpft, als seine Heimat immer unübersichtlicher, korrupter und letztlich unsozialer wurde, als die Bruchlinie zwischen den hochfliegenden Wirtschaftsträumen des Monarchen und dem wirklichen Leben einer Mehrheit der Bevölkerung immer deutlicher wurde.
Bei aller Faszination, die Persiens zügige Industrialisierung für westliche Augen besaß, wurde das Kaiserreich in seinen letzten Jahren mehr und mehr zu einem Land der Mauern und der Spiegeln. Mauern umgrenzten alle Dörfer, Mauern isolierten alle Häuser in Teheran und teilten das öffentliche vom privaten Leben mit einer Konsequenz, die das islamische Leben nicht kennt. Hinter den Mauern wurde der Reichtum ausgelebt und die bitterste Armut – Brücken gab es dazwischen so gut wie keine. In den Luxusvillen schmückten die großen Familien des Landes ihre repräsentativen Räume mit

Spiegeln aus, die das Eigene vergrößerten und das Fremde vergessen ließen. Spiegel, die die Wahrheit verstellten. So wurde Persien trotz beeindruckender Wirtschaftsstatistiken, trotz einer militärischen Aufrüstung von beinahe erschrekkender Dimension und trotz permanenter Verbeugungen von Ost und West vor dem Schah, zu einem Land, das immer mehr genau jenem Zerrbild entsprach, das Khomeini jahrzehntelang so leidenschaftlich bekämpfte: hinter der Arroganz versteckte sich Unsicherheit, hinter der Wirtschafts-Euphorie die Trauer um den Verlust eigener Werte.
Die Frohbotschaft Khomeinis vom »einfachen, freien und gerechten Leben« erhielt so ohne sein Zutun, allein durch die Entwicklung des Landes, einen immer realeren Bezug. Und eine wachsende Zahl von Persern war bereit, dieser religiös motivierten Vision einen höheren Stellenwert einzuräumen, als allen Reizworten von Modernität, Entwicklung und Fortschritt, die der Kaiser aus dem Westen importiert hatte.
»In 12000 Meter Höhe fliegt der fromme Greis fast so schnell wie der Schall zurück ins Mittelalter«, schrieb eine deutsche Zeitung, als Khomeini nach Persien zurückkehrte. Aus europäischer Sicht schien dieser kritische, ja vernichtende Satz nach alldem, was man von Khomeinis Traum vom »Gottesstaat« wußte, nur allzu verständlich. Und tatsächlich war es ja schwer einsichtig, warum in Persien eine rechte Diktatur von einer fanatisierten Bevölkerung zerrüttet wurde, deren Ideale ganz offensichtlich noch weiter rechts lagen. Doch die Faszination des persischen Volkes für Khomeini – soweit sie nicht als Schleier zur Verfolgung ganz anderer politischer Ziele benutzt wurde – kennt ihre nüchternen, überzeugenden Ursachen ... Sie ist die Folge jahrzehntelanger, unbeugsamer Standhaftigkeit eines hartnäckig Aufrechten gegen einen verhaßten Machthaber. Sie stützt sich auf die Fähigkeit eines Mannes zur Mobilisierung der Massen. Sie basiert auf der allgemeinen Sehnsucht nach dem einfachen und gerechten Le-

ben, die längst auch die Industrie-Nationen erfaßt hat. Und sie kennt als zusätzlichen Anreiz das soziale Sicherheitsnetz der islamischen Religion.

Als Raffinerien und Fabriken stillstanden, Ämter und Schulen zugesperrt waren und ausländische Beobachter zu Recht das wirtschaftliche Chaos befürchteten, überzeugten Khomeinis engste Mitarbeiter in Persien das Volk durch eine nicht mehr gekannte Solidarität, durch ein spontanes soziales Engagement. Hinter Mauern und Spiegeln wurde die alte Gemeinschaft plötzlich wieder spürbar, die der Islam so leidenschaftlich beschwört: Islamische Kooperativen verteilten in Teheran billige Lebensmittel oder verschenkten sie an jene, die mit der Hand am Koran ihre Armut bezeugten. Zehntausende Streikende erhielten ihre alten Gehälter aus dem islamischen Sozialfond, dem »Zakat«. Witwen und Waisen der Getöteten bezogen finanzielle Unterstützungen, während ein auseinanderbrechendes Staatsgefüge sichtlich nicht mehr im Stande war, die notwendigste Infrastruktur aufrecht zu erhalten.

Das alles macht die messianischen Erwartungen begreiflich, die in den Menschen und Priester Khomeini gesetzt wurden. Es waren letzte Marksteine am Weg zur Krönung eines abenteuerlichen Lebens – zum Triumph in einem zähen Kampf, der schon vor der Geburt dieses Mannes mit dem Namen Khomeini aufs engste verbunden war.

Der Mord am Vater

Im wilden Luristan

Ein Ghandi für Allah

Die Häscher aus Arak

Gesucht: ein Name

Mehr als 70 Jahre sind vergangen, seit ein alter Mann über die kargen Hochebenen Persiens wanderte, von Dorf zu Dorf. Auf dem Kopf trug er den schwarzen Turban, die kamelhaarfarbene »Aba« hatte er über die Schulter gelegt. Er war ein geachteter und harter Mann, ein Priester Gottes – und ein ungewöhnlicher Charakter, der sich auf seltsame Weise von den Mullahs der Jahrhundertwende unterschied. Denn vor den gequälten, bettelarmen und rechtlosen Bauern wetterte der Wanderprediger gegen Persiens Großgrundbesitzer, die alles Leben in den Dörfern und Städten schikanierten.
In den winzigen Lehmhäusern waren Armut und Leid ständige Gäste. Auf engsten Raum zusammengepfercht lebten, schliefen, arbeiteten, aßen und spielten die Großfamilien auf dem kleinen Viereck eines meist selbstgeknüpften Teppichs – und oft genug teilten sie ihre Wohnung mit dem größten Besitz, den sie hatten: ein bis zwei Kühe, ein bis zwei Schafe und einen Esel. Von den Ernten auf den Mohn- und Getreidefeldern, im Gemüsegarten und in den Zuckerrohrpflanzungen blieb ihnen Jahr für Jahr höchstens ein Viertel des Ertrages. Dreiviertel gehörten den Landherren nach einer einfachen Rechnung: sie stellten drei Produktionsfaktoren zur Verfügung: den Boden, das Wasser und die Aussaat. Der Bauer nur eine: die Arbeit. Und auf den Hochebenen im Grenzgebiet zwischen Baktiari und Luristan, auf denen der alte Mullah unterwegs war, reichten die Einkünfte meist nur bis zur Mitte des Winters, dann mußten die Bauern von ihren Grundherren die ersten Vorschüsse auf die nächste Ernte nehmen. Die medizinische Versorgung blieb auf die Heilkräuterebene erfahrener Männer beschränkt, lächerliche Krankheiten führten zum raschen Tod. Und in den Dorfbädern, die von den Großgrundbesitzern gebaut wurden, wenn sie ein besonderes Zeichen ihrer Menschlichkeit setzen wollten, suchten sich immer neue Epidemien ihre Opfer.
Die Gerichtsbarkeit jener Tage lag ausschließlich in den Hän-

den der Feudalherren – und sie gingen damit ebenso großzügig um wie mit der Wahl ihrer Mittel zur Vergrößerung des eigenen Besitzes: Dörfer wurden in dunkler Nacht besetzt und zurückerobert, Städte überfallen und geplündert und Menschenraub war an der Tagesordnung. Manches, was im Europa der siebziger Jahre eine Erfindung politischer Extremisten zu sein scheint, hatte auch in Persien seine Vorläufer: Die Entführer reicher Landedelmänner schickten den Familien ihrer Opfer große Hüte zu. Wurden sie bis zur Krempe prall mit Geld gefüllt zurückgesandt, dann kam auch die Geisel wieder unversehrt nach Hause ... Als die ersten Abgeordnetensitze vergeben wurden, organisierten die Grundbesitzer systematische Raubzüge, um sich bäuerliches Stimmvieh zu holen. Und aus den ersten Aufzeichnungen jener wilden Tage ist auch der Verzweiflungsruf eines unterlegenen Abgeordneten erhalten, der sicher mit seinem Sieg gerechnet hatte und schließlich nach undurchsichtigen Wahlmanövern nicht einmal eine einzige Stimme für sich verbuchte. Vor den versammelten Grundbesitzern klagte er: »Daß 5000 Menschen mir ihre Stimme versprochen haben und mich am Ende belogen, könnte ich ja noch verstehen, daß aber nicht einmal mehr meine eigene Stimme vorhanden ist, verstehe ich nicht mehr. Und ich weiß, daß ich für mich gestimmt habe.«

In dieser Gesellschaft lebte die religiöse Geistlichkeit in den Dörfern allein vom Wohlwollen der Reichen. Denn die Herren über Bauern und Dörfer zogen bei der Ernteabrechnung auch die islamische Sozialsteuer ein, verteilten sie an den Klerus und die Allerärmsten und bauten die Moscheen. Diese totale Abhängigkeit machte das Benehmen unseres alten Mullahs, unterwegs im Hochland, nicht nur befremdlich, sondern widersinnig, ja selbstmörderisch. Auf allen Marktplätzen provozierte und beschimpfte er gerade jene, die ihn ernähren sollten. Und sein einziger Schutz vor der Willkür

schien der schwarze Turban zu sein, der ihn als Blutsverwandten des Propheten Mohammed auswies.
In Persien trägt die direkte Nachkommenschaft des islamischen Religionsstifters den Ehrentitel *Seyyed*, sie wird zumeist als *Aga* angesprochen. Sind die Verwandten Mohammeds aber keine Priester, dann binden sie sich zum Zeichen ihrer besonderen Abstammung einen grünen Schal um die Hüfte, eine Tradition, die man noch heute bei vielen persischen Teppichhändlern in Europa findet.
Der alte Mann mit dem Turban, der zur Jahrhundertwende zwischen Baktiari und Luristan unterwegs war, hatte die heiligen Bücher studiert und galt vielen Gläubigen als richterliche Autorität in religiösen Fragen. Er war ein *Ayatollah*, zu deutsch ungenau »Zeichen Gottes« oder »Spiegel Gottes«. Unerlaubt vereinfacht war der revolutionäre Prediger gegen die Allmacht und Willkür der Feudalherren eine Art Bischof des Islam, ein Mullah, der besondere Studien absolvierte und darüber hinaus eine besondere Anerkennung durch das gläubige Volk genießt. Über seiner Herkunft liegt das Dunkel der Geschichte. Schriftliche Aufzeichnungen, Geburts- und Todeseintragungen waren im Persien des vergangenen Jahrhunderts unbekannt. Sein Vater sei etwa zur Mitte des 19. Jahrhunderts aus Kaschmir eingewandert, heißt es heute in Teheran. Aus der näheren Verwandtschaft gibt es dafür keine Bestätigung, wohl aber eine andere Information: Der alte Ayatollah habe selbst einige Jahre in Indien (vielleicht Kaschmir) studiert – und aus seinen Worten schien ja tatsächlich viel vom Geist Mahatma Ghandis zu sprechen. Aber gleichgültig, ob es die Abstammung oder die eigenen Studienjahre in der Ferne waren – der Geist Indiens hatte ihn offenbar so sehr geprägt, daß er sich selbst den Namen *Seyyed Hindi* gab.
In den letzten Jahren seiner langen beschwerlichen Wanderschaft ließ er seine Frau und die drei Söhne im Zentrum jenes

Gebietes zurück, in dem er umherzog. Es war eine kleine Stadt mit dem Namen Khomein, Sitz von einigen Großgrundbesitzern, ein bescheidenes Handelszentrum für die Stämme der Luren und Baktiaren in der Umgebung. Eine Stadt auf den Hängen kahler, unfruchtbarer Berge in einer Höhe von 1850 Metern, in denen die Menschen die bitterkalten Winternächte nur überlebten, indem sie sich dicht gedrängt mit einer Decke über den Köpfen an primitive selbstgebaute Öfen schmiegten. Eine Gegend, die 5000 Jahre vorher den legendären König und leidenschaftlichen Jäger Homa erfreute – mit Tigern, Rehen, Wölfen und Hirschen, die noch heute in den Höhlensystemen der nahen Berge leben. Die persische Mehrzahlform von zwei aneinandergrenzenden Jagdgebieten Homas gaben der Stadt ihren Namen: Homein – später, arabisiert, Khomein. Hier ließ Seyyed Hindi seine Familie in einem kleinen Haus gegenüber der Moschee und unmittelbar neben der Karawanserei zurück. Von hier aus ritt oder marschierte der zornige Prediger Allahs in die Städte und Dörfer der Umgebung, nach Golpaygan und Mahalat, nach Khonsar und Arak. Und die staunenden Bauern hörten seine harten, anklagenden Worte und warnten ihn. Aber der alte Mann gab sich furchtlos.

Bis eines Tages auch seine Stunde kam. Er war unterwegs von Arak nach Khomein, als ihm eine Schar Bauern auflauerte, gedungen von ihren Grundherren aus Arak. Mit Holzprügeln und Ackergeräten schlugen sie auf ihn ein. Und sie mußten den wehrlosen Wanderer nicht lange traktieren, er war ja fast ein Greis.

In Khomein blieben drei Söhne zurück, der jüngste Ruhollah (»Seele des Herrn«), liegt mit neun Monaten noch in den Windeln. Er wurde vermutlich 1902 geboren (genaue Aufzeichnungen fehlen auch hier). Die falschen Altersangaben, die später über ihn in Umlauf kommen, beruhen auf der unterschiedlichen Zeitrechnung zwischen dem im Westen üblichen Gregorianischen Kalender und dem islamischen Mondkalender. Während die älteren Söhne bereits das Haus verlassen, bleibt der junge Ruhollah Musawi Khomeini unter der Obhut seiner Mutter, die selbst einen bekannten Theologen, Mirza Ahmad, zum Vater hatte. Nach ihrem Tod lebt Ruhollah bei einer energischen und gottesfürchtigen Tante, die in ihm endgültig die Sehnsucht nach einem Leben für Allah weckt. Sie tut es mit einer besonderen Leidenschaft, selbst der kleinste Zweifel stößt auf heftigste Ablehnung.

Schulen im westlichen Sinn sind damals in Persiens Dörfern und Städten praktisch unbekannt. Nur die Mullahs holen sich die Kinder, zumeist im Winter, wenn die Feldarbeit ruht. Es sind die Kinder der Bauern ebenso wie die der Grundherren und der Priester. Sie lernen den Koran lesen, und mit dem Buch Gottes als einzigem Lehrbehelf üben sie notdürftig das Schreiben. Vom Rechnen erfahren sie soviel, daß der Handel und eine gerechte islamische Sozialabgabe auch weiterhin gesichert sind. Der Priestersohn Ruhollah Musawi sitzt vier Jahre lang an der Seite des Mullah von Khomein. Mit 15 Jahren – nach der Mutter ist auch die Tante inzwischen gestorben – übernimmt sein älterer Bruder Mortesa die Erziehung (auch er wird später ein berühmter islamischer Theologe in Ghom). Es ist eine Zeit großer politischer Wirren. 1915 wird auch Persien zum Schauplatz des Zweiten Weltkriegs. Türken und Russen kommen und kämpfen im Norden des Landes, berauben und verwüsten die Dörfer. 1919 bleibt das ausgeblutete Land in den Händen der Engländer, wird praktisch zu einem Protektorat. Die brutale Ausbeutung durch die Briten entfesselt eine spontane Welle des Hasses unter den Persern. Das Rückgrat dieser Rebellion ist die islamische Geistlichkeit. Seit jeher hat sie den Kampf gegen ausländische Interessen auf ihre Fahnen geschrieben.

Für Ruhollah ist es längst keine Frage mehr, er will ein Mullah werden. Er geht, soviel man heute noch weiß, zuerst nach Isfahan und findet mit 19 Jahren im nahen Arak seinen Lehrmeister. Er heißt Ayatollah Haieri und ist der wahrscheinlich berühmteste schiitische Theologe seiner Zeit. Ihm ist Khomeini völlig ergeben, mit ihm bricht der eben Zwanzigjährige in jene Stadt auf, die sein Schicksal endgültig bestimmen wird, die heilige Stadt Ghom auf halbem Weg zwischen Teheran und Khomein. Hier glaubt er das Lebenswerk seines Vaters am besten fortsetzen zu können: durch theologische Studien und durch aktive Mitarbeit in der Gesellschaft. Er und seine Brüder fühlen sich von der so brutal beendeten Mission ihres Vaters angezogen, wollen ihm nacheifern. Und als eines Tages – in Teheran hat Reza Schah bereits die Macht an sich gerissen – die Beamten des Kaisers kommen, um jeder Familie einen Namen zu geben, da denken die drei zuerst an den Toten und wollen sich »Hindi« nennen, wie er. Aber ihr Wunsch geht nicht in Erfüllung, denn die Regierung findet einen ausländischen Namen gerade für eine Priesterfamilie des Islam untragbar. Das Ultimatum ist eindeutig: die jungen Männer sollen entweder den ererbten Turban der Nachkommenschaft Mohammeds ablegen, wenn sie den Namen des Vaters behalten wollen. Oder aber sie müssen einen anderen Familiennamen wählen, der den Verwaltern aus Teheran genügend persisch klingt. Für Ruhollah Musawi und seine Brüder ist diese Entscheidung schwer. Am Ende behält nur einer von ihnen, der Anwalt werden will, den mysteriösen Beinamen des Vaters. Die beiden anderen suchen sich neue Familiennamen, um den Turban behalten zu können. Ruhollah nennt sich nach der Stadt, in der er aufgewachsen ist, *Khomeini*. Unter diesem Namen beginnt er seine lange Laufbahn als gläubiger, streitbarer Mullah Khomeini. Die Erinnerungen, die er aus der Heimatstadt in das Schiitenzentrum von Ghom mitnimmt, sind vom Kampf seines Vaters und vom Geist seiner Zeit geprägt. Sie werden später zu seinem großen Lebensbekenntnis: »Der Kampf gegen die Tyrannen ist noch wichtiger als Beten und Fasten«. So hat es sein Vater in den Dörfern gepredigt, so liest er es selbst in den Schriften des Islam.

Allahs Soldaten

Intrige um Mohammeds Erbe

Mullah, Mahdi und Imam

Gerechtigkeit – nicht erst im Himmel

Prügel für den Ayatollah

Wie ihre Vorväter vor rund 13 Jahrhunderten, so behaupten die schiitischen Perser auch heute noch, sie kämpften gegen Unterdrücker – in der Hoffnung, das Mekka ihres Propheten Mohammed wieder auferstehen zu lassen. Von ihrer Geschichte her geprägt, sind die Schiiten mehr noch als alle anderen Glaubensgemeinschaften im Islam bereit, Märtyrer für ihre Nachkommen zu werden. Dieser Gedanke stammt aus den blutigen Auseinandersetzungen, die schon bald nach dem Tod des Propheten begannen: Imam Hussein, der Enkel Mohammeds, war im Jahr 680 im Heldenkampf gegen den Kalifen Jasid vor den Toren von Kerbala (im heutigen Irak) gestorben. Sein Tod blieb für die mehr als 86 Millionen Schiiten in aller Welt bis heute eine offene Rechnung und ein heiliger Auftrag zum Widerstand gegen ungerechte Herrscher. Alle Jahre gedenken die Schiiten im Monat Moharram den Ereignissen von damals – und immer noch ist die Sprengkraft dieser historischen Geschehnisse brisant geblieben. Politisch und religiös.

So wie die 600 Millionen Moslems in aller Welt von Malaysia bis in das Herz Afrikas, von China über die Sowjetunion bis in den Sudan, bekennen sich auch die Schiiten zu den »fünf Säulen des Glaubens«: zu ihrem Gott Allah, dessen einziger Prophet Mohammed ist; zum fünfmaligen Gebet pro Tag; zur Almosenspende für die Armen; zum Fasten während des heiligen Fastenmonats Ramadan und zur Pilgerreise nach Mekka mindestens einmal im Leben. So wie die Sunniten, die innerhalb des Islam mit rund 90 Prozent der Gläubigen die überwältigende Mehrheit bilden, akzeptieren auch die Schiiten den Koran als göttliche Schrift, die der Engel Gabriel vor 1400 Jahren dem Propheten Mohammed geoffenbart haben soll.

Nicht einig aber sind sich die beiden großen Richtungen innerhalb des Islam in der Frage der rechtmäßigen Nachfolge des Propheten Mohammed (*Shia* = Anhang, Nachfolge) und in der Interpretation des islamischen Rechts. Die Sunniten haben auch die mündlichen Aussprüche des Propheten (Die *Sunna*) als wichtige Quelle der Glaubens- und Pflichtenlehre anerkannt.

Der große Streit zwischen den beiden Glaubensgemeinschaften im Islam begann mit einer Palast-Intrige. Es ging um die vierte Nachfolge Mohammeds. Der Neffe und Schwiegersohn des Propheten, Ali, war im Jahre 656 zum Kalifen gewählt und fünf Jahre später erdolcht worden. Jetzt mußte vereinbart werden, wie die Würde des Kalifen weitervererbt werden sollte. Eine entscheidende Frage, denn in diesem Amt konzentrierte sich eine gewaltige politische, militärische und religiöse Macht. Der Kalif sollte Wahrer der Religion sein, Verteidiger im Kampf gegen die Ungläubigen und sich dann auch noch durch eine tiefe Hingabe an den Islam auszeichnen. Aber selbst seine Macht behielt ihre genau umschriebenen Grenzen, letztlich stand sein ganzes Wirken unter den Geboten des Koran.

Der Prophet Mohammed selbst hatte keine klaren Anweisungen über seine Nachfolge hinterlassen. Unter den Anhängern, die drei Jahrzehnte nach Mohammeds Tod einen Nachfolger für Ali suchten, bestanden die einen auf Wahlen – nur religiöse und persönliche Verdienste sollten entscheidend sein: die Sunniten. Die anderen räumten das Recht auf Führung der großen islamischen Glaubensgemeinschaft (der *Umma*) alleine der direkten Nachkommenschaft des Propheten und seines Schwiegersohnes Ali ein. Das waren die Schiiten.

Politische Auswirkungen dieser grundsätzlichen Differenz sind bis heute sichtbar. Das Kalifat hatte zwar nach dem Untergang des Osmanischen Reiches im Jahre 1924 politisch zu existieren aufgehört, und kein arabischer Führer wagte es bis heute, diesen Titel für sich zu beanspruchen. Weil aber dieses Kalifat nach sunnitischer Auslegung die Vererbung der Macht nicht erlaubt, gibt es im Zentrum sunnitischer Strenggläubigkeit, in Saudiarabien, zwar den Herrschaftsanspruch einer Familie, aber noch immer keine natürliche Erbfolge der Könige.

Für die Schiiten, die etwa 85 Prozent der persischen Bevölkerung stellen, ist der Nachfolger des Propheten kein gewöhnlicher Sterblicher. Er ist erleuchtet, besitzt übernatürliche Weisheit und ist von allen Sünden rein. Eine Art Übermensch also. Nach schiitischer Tradition hatte der als heilig verehrte Imam Ali noch zwölf Nachfolger. Es war ein undankbares Amt, denn fast alle von ihnen starben eines unnatürlichen Todes im Kampf um die Rechtmäßigkeit des Kalifats. Der letzte der zwölf, Imam Mohammed, trat nach schiitischer Lehre im Jahre 873 noch als Kind in den »Zustand der Verborgenheit« ein. Unter vielen Gläubigen hält sich die Vermutung, er habe sich in eine Zisterne bei Bagdad zurückgezogen. Am Ende der Zeiten aber wird er sich als *»Mahdi«*, als Retter der Welt, zu erkennen geben. Dann wird das Paradies auf Erden errichtet.

Bis es soweit ist, verwalten seine Stellvertreter das schiitische Glaubensgut, interpretieren die Worte des Koran und lehren das islamische Gesetz: die Ayatollahs. Der höchste Rang der politisch-militärischen Hierarchie im Islam, das Kalifat, bleibt unbesetzt, die Gemeinde der Gläubigen muß sich bis zur Wiederkehr des Mahdi weltlichen Herrschern unterwerfen, in Glaubensfragen aber müssen Regierende und Regierte die Autorität der Gelehrten akzeptieren.

Die Bezeichnung »Imam«, die am Höhepunkt seines Triumphes zum Ehrentitel für Khomeini wurde (selbst persische Medien verwendeten ihn in riesigen Schlagzeilen), hat bei den Schiiten eine mehrfache Bedeutung. Sie umschreibt gleichzeitig die Rolle eines Vorbeters in den Moscheen, aber auch jene mystische Retterfigur, eben den von allen Gläubigen ersehnten Inhaber theokratischer Macht.

Eine hierarchische Spitze, ähnlich dem Papsttum in der katholischen Kirche, existiert im Schiitentum praktisch nicht. Die geistige Führung hat sich unter Persiens Theologen eher selten auf eine Person konzentriert, sie setzt die allgemeine Anerkennung größter Weisheit und größter Frömmigkeit durch die Gläubigen und die Mullahs voraus. Der Ehrentitel, der für diese Führungsrolle bereitsteht, ist keineswegs die Bezeichnung »Imam«, sondern das orientalisch-mystische Wort »Quelle der Imitationen« *(Mardscha-i-Taglid)*. Als Millionen Perser im großen Duell mit dem Schah dem »Imam« Khomeini huldigten, war für viele offenbar der Übergang von der kirchlichen Hierarchie zum Messianischen schon vollzogen. Hier schien bereits der ersehnte Imam als Erlöser der Welt gekommen zu sein. Daß am Ende sogar Zeitungen in der sunnitisch dominierten arabischen Welt den alten Ayatollah als »Imam« bezeichneten, deutete zumindest vorübergehend eine Anerkennung Khomeinis auch über seine eigene Religionsgemeinschaft hinaus an.
Dabei weisen die beiden größten Strömungen innerhalb der islamischen Religion ihren Theologen eine recht unterschiedliche Aufgabe zu. Während die Sunniten glauben, daß die Lehren des heiligen Buchs nach den Regeln der Analogie für die moderne Zeit interpretiert werden können, indem sie die heutigen Verhältnisse mit jenen zu Mohammeds Zeiten vergleichen, sind die Schiiten der Ansicht, der Koran sei »offen für eine kreative Auslegung«. Das gibt ihrem Glauben eine gewisse Flexibilität und den theologischen Interpreten, den Ayatollahs, eine so starke Macht im Leben des Volks. Dabei ist die Weisheit des einzelnen Theologen noch wichtiger als die Tradition der Lehre. Persische Gläubige können sich ihren Glaubensdeuter unter den rund 70 Ayatollahs selbst wählen. Der Zulauf zu den heiligen Männern, die makellos, bescheiden und tätig sein müssen, hängt von ihrer Persönlichkeit und ihrer Lehre ab.

Ein heikles Geschäft, denn es beschränkt sich keineswegs auf Fragen der Theologie allein. Weit mehr als unter den Sunniten blieb der schiitische Klerus stets lebensnah und gesellschaftsbezogen. Die Schia hat sich in der persischen Geschichte immer wieder auch als eine weltliche Kraft erwiesen, oder exakter: das religiöse Establishement der Schiiten ist stets um vieles machtvoller gewesen als jenes der Sunniten. Das liegt in den Wurzeln des Glaubens und seiner Entstehung begründet. Die Schia-Lehre entstand im direkten Widerstand gegen einen Herrscher, gegen einen Kalifen, der zwar die stärkeren Waffen, nicht aber das Recht auf seiner Seite hatte. So gehört zu den Glaubensgrundsätzen der Schiiten auch die göttliche Gerechtigkeit, die sich nicht erst im Himmel, sondern schon auf Erden verwirklichen soll.

Dies alles mag verständlich machen, warum gerade die Schiiten so sehr auf das ursprüngliche Selbstverständnis des Islam als *din wa daula*, als Staat und Religion zugleich, pochen. Auf eine einheitliche Ordnung des geistlichen und weltlichen Lebens. Sie soll die Beziehungen zwischen Gott und den Menschen ebenso regeln wie zwischen dem Staat und den Bürgern, aber auch zwischen den Menschen untereinander.

Die Religion als politisch brisante Kraft, die wir Europäer seit dem Canossa-Gang von Kaiser Heinrich IV. im Jahr 1077 mehr und mehr beiseite geschoben haben, ist in Persien bis in das 20. Jahrhundert erhalten geblieben. Und nirgends wird diese Symbiose eindrucksvoller deutlich als in der Architektur von Isfahan im Herzen Persiens. Hier verknüpft der riesige *Maidan Schah*, vermutlich einer der schönsten Plätze der Welt, an seinen Flanken diese Säulen der persischen Gesellschaft miteinander: den Kaiserpalast, die Moschee und den Basar.

In der Geschichte Persiens gibt es eine ganze Reihe von Beweisen für das konkrete politische Engagement der Priesterschaft. Nicht immer nur zum Vorteil des Staates. Durch den

Der unbeugsame Gottesmann: Ayatollah Ruhollah Musawi Khomeini

Schah Reza mit seinen Kindern, Prinzessin Aschraf und Mohammed Reza, dem späteren Schah

Der alte Mann unterm Apfelbaum:
Khomeini in Neauphle-le-Chateau bei Paris

Die Bücklings-Monarchie: der Kaiser im Golestan-Palast

zunehmenden Einfluß der persischen Geistlichkeit begann etwa nach Schah Abbas dem Großen im Jahr 1629 der langsame Verfall des persischen Reiches. Und je deutlicher die alte Kadscharen-Dynastie an der Wende zum 20. Jahrhundert ihre politische Ohnmacht spüren ließ, desto rascher wuchs die Macht der Mullahs. So hatte der Ayatollah *Mirsa el-Schirasi* die Perser im Jahr 1889 zum Raucherstreik aufgerufen und damit den damaligen Schah Nasir el-Din tatsächlich erpreßt, das britische Tabak-Monopol über ganz Persien wieder aufzuheben, das die Preise zuvor maßlos in die Höhe getrieben hatte.

Noch weit stärker wurde der Einfluß des politisierenden Klerus, als der schwache Kadscharen-Herrscher *Musaffar el-Din* im Jahre 1907 von den führenden schiitischen Theologen gezwungen wurde, die ein Jahr zuvor fertiggestellte Verfassung (nach belgischem Muster) mit einem wichtigen Verfassungsschutz zu versehen: er fixierte einen islamischen Verfassungsrat, der jedes künftige Gesetz und jede Verordnung im Land auf ihre Übereinstimmung mit den Erfordernissen des Islam überprüfen sollte.

Mit dem Machtantritt der *Pahlewi-Dynastie* ging der Geist dieser Verfassung freilich bald verloren. Dieselbe alte schiitische Forderung nach oberster religiöser Überwachung des öffentlichen Lebens, jahrzehntelang erfolgreich unterdrückt, erwies sich 1978/79 aber erneut als scharfer politischer Zündstoff, der das Ende der Schah-Herrschaft auslöste.

Es gehört zu den kuriosen Wendungen der persischen Geschichte, daß die Mullahs im März 1924, fast zwei Jahrzehnte nach der Verabschiedung der Verfassung, den Wunsch des Kosakenführers Reza Khan, eine parlamentarische Republik aufzurufen, aus theologischen Gründen ablehnten. Sie erleichterten damit die Krönung des hünenhaften Haudegens zum Schah Reza, zum Stammvater einer Dynastie, die schließlich aus nur zwei Kaisern bestehen sollte. 54 Jahre nach dieser Entscheidung über Republik und Monarchie waren es wieder die Männer der Religion, die jetzt mit dem Kampf um eine »islamischen Republik« die Monarchie beendeten. Im Jahr 1924 schien ihnen eine konstitutionelle Monarchie (*Maschrudeh*) dem erträumten »Gottes-Staat« (*Maschrueh*) noch näher zu sein, als eine Republik mit ihrer Gewaltenteilung nach westlichem Muster. Im Jahr 1978 aber gab es schließlich kaum noch einen führenden Mullah in Persien, der das herrschende Schah-Regime als eine Verwirklichung der Hoffnungen von damals ansah.

Bald zeigte sich, wie sehr Reza von der politischen Vision des türkischen Revolutionärs Mustafa Kemal, genannt Atatürk, geleitet war. Dieser strebte beim nördlichen Nachbarn Persiens, in der Türkei, die totale Trennung von Kirche und Staat an, als eine Voraussetzung für den Anschluß seines orientalischen Landes an Europa. Konkret: die Abschaffung von Schleier und Fes, von islamischer Gerichtsbarkeit und Polygamie, sowie die Einführung der türkischen Sprache auch in den Moscheen und die Schulpflicht. Die Auswirkungen dieser laizistischen Bewegung erfaßten in den nächsten Jahren und Jahrzehnten auch Länder wie Ägypten, Tunesien und Pakistan, am stärksten aber das Persien Reza-Khans. Ihre Motivation ist klar: Jede Einbeziehung des bewunderten westlichen Fortschrittes in das orientalische Leben stößt an religiöse Hindernisse, von der Geburtenregelung über die Rolle der Frau bis zu modernen wirtschaftlichen Abläufen. In Saudi-Arabien hingen noch 1979 die Produktionszeiten in modernsten Industrieanlagen davon ab, ob der zuständige islamische Geistliche rechtzeitig die Sichel des neuen Mondes sieht und somit erst entscheiden konnte, ob der nächste Tag ein Feiertag ist oder nicht. Persiens Schiiten waren zwar seit langem bereit, den Islam ständig neu zu interpretieren und der modernen Gesellschaft anzupassen. Die Trennung von Kirche und Staat aber, wie sie die Pahlewi-Dynastie von 1924 bis

1979 praktizierte, war für die Mullahs eine Unerträglichkeit. Reza der Große, dem der schiitische Klerus im März 1924 in Ghom den Wunsch nach einer Monarchie nicht erfüllt hat, schickt die Mullahs nach seiner Krönung am 25. April 1926 rasch in die politische Kälte. Als Ruhollah Musawi Khomeini bereits tief in seinen islamischen Studien steckt, beginnt für den schiitischen Klerus eben die große Herausforderung mit dem Herrscher. Unter dem Druck des religiös geschürten Fremdenhasses im Land schafft Reza Schah 1927/1928 die alten beschämenden »Kapitulationsrechte« für Ausländer ab. Sie sicherten ihnen seit dem 16. Jahrhundert praktisch Straffreiheit für beinahe jedes Verbrechen und dazu auch die Steuerfreiheit. Da sich die ausländischen Regierungen aber weigern, ihre Angehörigen in Persien künftig unter ein drakonisches islamisches Recht zu stellen, verspricht Reza Schah die Einführung eines zivilen Strafrechts. Das treibt die Geistlichkeit von Ghom in eine wütende Konfrontation mit dem Kaiserhaus und das Land von April bis November 1927 in einen Generalstreik.

Um die Mullahs, unter ihnen auch den äußerst aktiven Khomeini, zu beruhigen, schickt Reza Schah im November seine Frau als Vermittlerin nach Ghom. Von den wütenden Theologen fühlt sich die Ehefrau des Monarchen (er hat insgesamt vier) so bedrängt, daß sie in einer Eildepesche ihren Mann um Hilfe bittet. Was daraufhin passiert, fixiert das Verhältnis zwischen Persiens theologischer Führung und der Pahlewi-Dynastie über Jahrzehnte. Der Schah kommt mit seinen Soldaten nach Ghom, betritt gegen die primitivsten Gesetze des Islam mit seinen Reiterstiefeln die heilige Moschee, prügelt mit seinem Spazierstock einen mächtigen Ayatollah und räumt brutal unter seinen Gegnern auf.

Im heiligen Mesched im Nordosten des Landes zwingt derselbe Reza die Geistlichen mit Militärgewalt zum Kleiderwechsel. – Auf kaiserlichen Befehl müssen sie Kaftan und

Pumphosen gegen westliche Kleidung austauschen. Es bleibt ein Einzelerfolg. Gleichzeitig aber ziehen gar nicht wenige Diplomaten und Agenten aus Europa und Amerika mit Vorliebe die persische *Aba* über die Schultern und setzen den Turban auf den Kopf, um unerkannt in der Rolle der Mullahs das Land, die Menschen und die Bodenschätze erforschen zu können. Und selbst in jüngster Vergangenheit fühlten sich die Männer des persischen Geheimdienstes SAVAK in der Kleidung der Mullahs besonders sicher. Doch darüber später.
Kronprinz Mohammed Reza, der in Teherans einzigem Krankenhaus zur Welt kommt, als Khomeini gerade sein Leben ganz der Religion weiht, weist den schiitischen Klerus in den langen Jahren seiner Regentschaft noch deutlicher in ein Getto zurück und erzeugt damit jenen Druck, der 1978 zur Explosion führt. Die Gründe dafür liegen vor allem in der Technologie-Gläubigkeit des Monarchen, in seiner westlichen Erziehung und im historischen Anspruch, mit dem er seine Herrschaft umgibt. Dieses Legitimationsbedürfnis nimmt so überhand, daß der Schah schließlich sogar die Todsünde begeht, das 2500 Jahre verflossene Achämeniden-Reich als eine wichtigere historische Zäsur zu betrachten als die Ausweisung des Propheten Mohammed von Mekka nach Medina rund 1000 Jahre später (im christlichen Jahr 622). Er führt einen neuen, auf Kyros den Großen zurückgehenden Kalender im Iran ein. Prompt ist es diese Kalender-Provokation, die der Schah unter dem Druck der Straße im Herbst 1978 als eine der ersten Beschwichtigungsmaßnahmen zurücknehmen muß.
Der Widerstand der Mullahs, immer wieder mit Gewaltmaßnahmen unterdrückt, begleitet die gesamte Regierungszeit von Schah Reza Pahlewi. Als sein Premierminister Hadsch Ali Razmara, ein Freund der neuen persischen Schutzmacht Amerika, im März 1951 in der großen Moschee des Teheraner Basars erschossen wird, haben radikale schiitische Führer die

Hand im Spiel: der Attentäter, ein 28jähriger Tischler aus dem Basar, ist eingeschworenes Mitglied der fanatischen religiösen Sekte *Fidayan-i-Islam* (die Todgeweihten des Islam). Seine Tat gilt als religiöser Verzweiflungsakt: Razmara hatte beschlossen, die Mullahs und alle religiösen Sekten im Land als politische Kraft radikal auszuschalten. 12 Tage nach dem Premier stirbt auch der Erziehungsminister des Schah in der Moschee der Teheraner Universität – ein Jahr später der persische Vizepremier. Sogar das Oberhaupt des schiitischen Klerus, Imam Dschumeh, verblutet im Kugelregen der *Fidayan-i-Islam:* die Radikalen werfen ihm zu große Kompromißbereitschaft mit dem Schah-Regime und seiner Mullah-feindlichen Politik vor.

Ohne den permanenten Widerstand der schiitischen Geistlichkeit wäre auch der Aufstieg des Nationalisten Mossadegh nicht möglich geworden – jenes Mannes, der im Frühsommer 1953 den Schah für kurze Zeit aus dem Land jagt. Unter Mossadegh wird der streitbare Ayatollah Abol Ghassem Kaschani, ein ultrakonservativer Hasser aller Ungläubigen, zum Präsidenten des persischen Parlaments ernannt. Er läßt Mossadegh erst fallen, als er Angst vor den immer offener geförderten Kommunisten bekommt. Von ihm stammt ein selbstbewußtes Wort, das den politischen Anspruch der Religion augenscheinlich beleuchtet. Als die Schah-Regierung halboffiziell überlegte, diplomatische Beziehungen zu Israel aufzunehmen, versicherte Kaschani: »Solange ich lebe, wird dies nicht passieren«.

Zu den tausend Dolchstößen, die der Schah im Lauf seiner Herrschaft der alten islamischen Tradition von der Übereinstimmung aller herrschenden Kräfte versetzt, gehört auch sein wachsendes Wohlwollen für nicht-schiitische Minderheiten im Land, vor allem für die Bahai-Sekte, eine Abspaltung der Schia, deren Mitglieder zu zahlreichen Führungspositionen im Lande kamen. Im Endkampf um den Sturz des

Kaisers rächen sich die fanatisierten islamischen Massen in den Wochen vor der Abreise des Schah Anfang 1979 mit Streiks und öffentlicher Gewalttätigkeit gegen die Bahais. So werden die Gläubigen in den persischen Städten von Khomeini-Anhängern aufgerufen, ihre Sparkonten von jenen Banken abzuziehen, die sich im Besitz prominenter Bahai-Mitglieder (aber auch der Juden) befinden. Und Anfang November 1978 stirbt General Ali Mohammed Chademi, Präsident der zu beträchtlicher Größe aufgestiegenen nationalen Fluggesellschaft »Iran Air«, in seinem Haus an den Folgen eines Mordanschlages. Muslimische Fanatiker haben den Anhänger der Bahai-Sekte getötet. Zur selben Zeit aber verkünden Khomeini und seine Berater von Paris aus die Toleranz und den totalen Schutz religiöser Minderheiten im Land fast täglich. Aber selbst unter den Juden, die nach islamischer Tradition als Besitzer der »heiligen Bücher« einen Schutz im Glaubenskampf genießen, grassiert in diesen dramatischen Wochen und Monaten die Angst. Bei Khomeini und seinen Leuten tauchen Abordnungen der jüdischen Gemeinde Persiens sogar mit großen Geldsummen auf, im verzweifelten Bemühen, sich ihr Überleben erkaufen zu können. Was sie schreckt, sind Zitate des Ayatollah aus früheren Jahren, die in den Tagen der Revolution gegen Schah Mohammed Reza an allen Straßenecken verkauft werden. Zum Beispiel: »Es ist unsere Pflicht, die Machenschaften (der Juden) zu enthüllen und es laut in die Welt zu schreien, bis die Menschen verstehen, daß sich die Juden und ihre ausländischen Hintermänner gegen den Islam verschworen haben, um den Juden den Weg zur Weltherrschaft zu ebnen.« An der Schwelle zur Macht aber beruhigt Khomeini: Solange niemand versuche, Komplotte gegen das islamische Volk und das islamische Land zu schmieden, sei die Freiheit auch des Andersdenkenden und des Gottlosen garantiert.

Der lange, zähe Kampf der Mullahs um die Rolle des Islam als

»Gewebe der Gesellschaft«, als Lebensform und Zivilisation in Persien, hat das schiitische Zentrum von Ghom zu einem natürlichen Gegenpol der Haupt- und Residenzstadt Teheran gemacht. In Ghom, wo die kaiserliche Politik täglich neu als Provokation empfunden und bekämpft wird, erlebt der Sohn eines erschlagenen Ayathollahs, der Theologe Ruhollah Musaw Khomeini, ein halbes Jahrhundert lang mit blutendem Herzen jenen Konflikt zwischen Kirche und Staat, den es nach den Worten seines Propheten Mohammed nicht geben darf.

Eine Karriere in Ghom

Bohrtürme und Minarette

Leichenimport und Mullahexport

Die Finanzzentrale Gottes

Verwirrung um ein Testament

Vor 20 Jahren wurden Autos mit Steinen beworfen, wenn sie mit unverschleierten Frauen durch die engen Straßen der heiligen Stadt Ghom unterwegs waren. Eine Stadt, die mit ihren vielen Wallfahrtsstätten von der goldenen Kuppel der Grabmoschee Fatimas, der Schwester des Imam Reza (er wird als der achte der rechtmäßigen Imame in der großen Zeit des Schiitentums angesehen), beherrscht wird. Eine Stadt auch, in der das Vergangene und das Neue auf eine besonders augenfällige Weise zusammenstoßen. Denn in Ghom spüren die frommen Pilger, die am großen Teich vor dem Fatima-Grab ihre traditionellen Waschungen vornehmen, selbst in diesem Wasser den Geruch von Petroleum. Hier wird seit 1951 Erdöl gefördert.
Die heilige Stadt, 125 Kilometer südsüdwestlich von Teheran, in einer erschreckend unwirtlichen Gegend gelegen, begann in den fünfziger Jahren ihre dritte Karriere. Seit Jahrhunderten eine Art Vatikan des persischen Schiitentums, seit einem halben Jahrhundert wichtiger Bahn- und Straßenknoten auf dem Weg von der Drei-Millionen-Stadt Teheran zu den Ölquellen am Persischen Golf und nach Isfahan, ist Ghom jetzt auch in direktem Kontakt mit der modernsten Technologie des 20. Jahrhunderts. Ein paar Kilometer von den Minaretten und Moscheen entfernt erheben sich die Bohrtürme. Und die Felder rund um die Stadt sind schwarz, eine fündige Bohrung war vor Jahren außer Kontrolle geraten. In der Wüste Dascht-e-Kavir, die sich mit ihren Salzfeldern bis in Sichtweite von Ghom angenähert hat, in diesem gewaltigen menschenleeren Gebiet hat der persische Geheimdienst SAVAK jahrelang risikolos die gefährlichsten Feinde des Schah für immer verschwinden lassen. In Säcken verpackt wurden die Toten aus Flugzeugen über der Salzwüste abgeworfen. Es muß die Lebensfeindlichkeit dieser Umgebung sein, die den Reiz der Städte und Oasen an den Rändern der großen Wüste besonders erhöht. So wurde Isfahan

mit seinen Moscheen für viele zum Abbild des Paradieses. So wurde die Schönheit von Ghom auch zu einer Zeit gerühmt, als die Stadt durch immer neue Überfälle praktisch in Trümmern lag. In den vergangenen Jahren versuchten israelische Landwirtschaftsspezialisten, der Wüste bei Ghom durch die Aufzucht besonders widerstandsfähiger Bäume Meter für Meter abzugewinnen.

Die Menschen von Ghom sind im ganzen Land bekannt und berüchtigt. Nach dem Urteil der Perser sind sie noch schlauere, noch härtere Geschäftsleute als die Händler im Basar von Isfahan, die ihrerseits längst zur Legende wurden. Die Perser kennen und lieben den alten Spruch eines Tuchhändlers in Isfahan, den man fragte, warum er gar so bissig sei: »Weil ich einmal in Ghom übernachtet habe!«

Bis vor 30 Jahren lebte diese Stadt von den Nächtigungen der Pilgerscharen, die gewöhnlich für zwei bis drei Tage hierherkommen, immer und immer wieder betend das Grab der Fatima umrunden oder die Gräber ihrer Verwandten besuchen. Heute eine Familiengrabstätte im Bezirk der Moschee von Ghom zu bekommen, ist praktisch unbezahlbar, obwohl unterirdische Grabgänge den Totenbezirk auch über das Geviert der Moschee hinaus erweitern. In seiner Bedeutung für die schiitische Religion wird Ghom nur noch von der Stadt Mesched am äußersten Nordosten des Landes übertroffen, wo sich der Wunderglaube vor allem auf das Grab jenes heiligen achten Imams Reza konzentriert. Ghom dagegen ist wegen seiner Lage in Persien und seiner Rolle als Verwaltungs- und Ausbildungszentrum der persischen Schiiten das Ziel der größten Pilgerscharen des Landes. Oder wie die Perser sagen: »Ghom importiert Leichen und exportiert Mullahs«.

Einer von jenen, die dem Sog dieser Stadt und der Attraktivität ihres theologischen Rufs folgten, ist der junge Khomeini. Hier beginnt sein Aufstieg mit einem fast zehnjährigen Studium in Ethik und Glaubenslehre, in Mystik, Philosophie und islamischem Recht. Hier lernt er die Wurzeln seines Glaubens kennen und die Allmacht einer Religion, die auch im Irdischen fest verankert ist. Zum Beispiel finanziell: Riesige Geldsummen, aber auch Schmuckstücke, Teppiche und Schenkungsurkunden für große Ländereien und kleine Grundstücke wurden und werden hier Woche für Woche an den Sitz des Imam gebracht. Von dieser Stadt aus organisiert die islamische Hierarchie ihr eigenes riesiges Finanz- und Sozialministerium im Namen Allahs. Es ist ein Sozialwerk, das sich am Höhepunkt des Duells zwischen dem alten Khomeini und dem Schah im Winter 1978/79 als wirksamer erweist als die kaiserliche Wohlfahrt mit ihren Reformen und Sozialprogrammen. Zwischen 50 und 100 Millionen D-Mark stellen die Gläubigen dem schiitischen Klerus Jahr für Jahr zur Erhaltung von Moscheen, theologischen Seminaren, Schulen und für die Wohltätigkeit zur Verfügung. Und wie sich zeigte, blieb noch immer genügend Geld, um einen gewaltigen Streikfond anzulegen.

Nominell hat Persiens Staatskirche keinen eigenen Besitz, sie verwaltet nur ein Stiftungsvermögen, das der Wohlfahrt dient. Denn gemäß den fünf Säulen des Islam ist jeder gläubige Schiit zur Almosenspende verpflichtet. Der Umfang dieser freiwilligen Sozialsteuer ist genau festgelegt. Ein Fünftel des Nettoeinkommens, der *»Khoms«*, gehört der Kirchenzentrale. Sie verteilt es über die Ayatollahs im Land an die Armen, an die direkten Nachkommen des Propheten *(Seyyed)* und finanziert damit die Organisation der Kirche. Die zweite Sozialsteuer, der *Zakat*, wird von den Gläubigen selbst an Bedürftige verteilt. Er soll etwa ein Vierzigstel des beweglichen Besitzes umfassen. Dazu kommen die Spenden und Schenkungen außerhalb dieses islamischen Steuersystems, die Opfergaben und Erbschaften zugunsten des Islam. Hier, bei den Opfern, ist Mesched wegen seiner Wundertätigkeit noch attraktiver. Woche für Woche werden die freiwilligen Gaben, Geld- und Sachspenden auf Lastautos in die zentrale Güterverwaltung für den Nachlaß Imam Rezas gebracht. Hier, in Mesched, mischte sich übrigens kaiserliche und religiöse Organisation: der persönliche Nachlaßverwalter für alle Güter, Opfer und Geschenke zugunsten des schon viele Jahrhunderte toten Imam Reza war jahrzehntelang der Schah persönlich.

In Ghom lernt der Theologe Khomeini bei seinen Studien in den alten Büchern eine Staatsform kennen, die ihm Jahrzehnte später, im hohen Alter, noch immer ideal erscheint: den islamischen Gottesstaat des Propheten Mohammed. Damals, vor 1300 Jahren, war der Prophet selbst Gesetzgeber, Richter, Vollstrecker und Staatsverwalter in einer Person gewesen. Er ernannte Botschafter und unterzeichnete Staatsverträge, er urteilte über Verbrecher und überwachte ihre Strafe. »Es ist nicht logisch«, schreibt Khomeini in einem seiner ersten Bücher, das in Ghom entstand, »daß dieses ewige System nur 200 Jahre dauerte, bis die Kalifen alle Macht an sich rissen«. Der islamische Staat selbst sei eine göttliche Einrichtung, predigt Khomeini, inzwischen Theologieprofessor geworden, seinen gläubigen Studenten. Und das Religionsgesetz lege die staatlichen Normen exakt fest. Die Einheit von weltlicher und religiöser Autorität, von der Persiens Schiiten träumen und Khomeini in Ghom so lange predigt, diese Einheit – die nur ein Ideal sein kann – hat dem islamischen Alltag und der Geschichte durchaus nicht entsprochen, aber in ihrem Anspruch war diese Einheit immer gültig. Noch heute wird er von der Alawiten-Dynastie Marokkos und dem Königshaus der Sauds in Saudiarabien beansprucht. Der islamische Staat unterscheidet sich nach Khomeinis Worten »von anderen Staatssystemen dadurch, daß die Monarchien oder republikanischen Staaten ihre Verfassungen entweder vom König oder von den Volksvertretern erhalten, während der islamische Staat seine Gesetzgebungskraft von Gott erhielt. Staat im Islam heißt, die Gesetzgebung, die Gott dem Propheten übertragen hat, zu verwirklichen und sich ihr zu unterwerfen. Nun ist aber der Prophet tot. Er stand an der Spitze des islamischen Staates. Wer hat seinen Auftrag übernommen? Die *Al-Fikh*-Kenner (die islamischen Rechtsgelehrten), die Imame.«

Daß er selbst einmal der von allen Ayatollahs akzeptierte Oberpriester der persischen Schiiten sein würde, ist für Khomeini in den Vierziger-Jahren noch nicht zu erahnen. Obwohl er bereits damals eine theologische Karriere hinter sich hat, die für islamische Gelehrte, bei denen auch die Altersweisheit gerühmt wird, ungewöhnlich ist. Schon sehr früh – die wenigen konkreten Daten aus seiner Studien- und Lehrzeit in Ghom sind so widersprüchlich, daß sie keine Erwähnung verdienen – ist der Mann aus Khomein ein anerkannter Lehrer für bereits fortgeschrittene Schüler der islamischen Theologie, bis er selbst den höchsten Grad der schiitischen Lehre, den *»Igtihad«*, erreicht. Seine Vorlesungen über islamische Moral zählen zu den am meisten besuchten in Ghom.

Theologische Seminare, wie jenes in der heiligen Stadt, sind nicht mit westlichen Universitäten zu vergleichen. Es gibt weder Lehrpläne noch Examen, das Studium kann Jahre, aber auch Jahrzehnte oder ein ganzes Leben dauern. Der Student sucht sich selbst die Lehrer, deren Persönlichkeit und Wissen er besonders schätzt, und von denen er am meisten zu lernen hofft. In Diskussionen legt er vor Studenten und ausgebildeten Theologen den Grad seines Verständnisses offen. Einfluß und Anerkennung wächst ihm ähnlich zu, wie Wissen und Weisheit. Aus Khomeinis Unterricht gehen im Lauf der vielen Jahre in Ghom hunderte namhafte Theologen der schiitischen Lehre hervor, die später im Irak, im Iran und in vielen anderen Ländern wirken. Starke schiitische Minderheiten existieren in Syrien, im Libanon, in Indien und Pakistan, in

Afghanistan, der Türkei, Ägypten und der Sowjetunion, vor allem aber auch im Jemen, wo Imame als Könige bis Anfang der Sechziger-Jahre ihren Gottesstaat regieren. In Ghom bringt es Khomeini auch als Buchautor zu Prominenz, bis zu seiner triumphalen Rückkehr nach Persien im Februar 1979 stellt er mehr als 30 theologische Fachwerke, die Mehrzahl ist in arabischer Sprache geschrieben, auf die Regale islamischer Hochschulen. In Ghom heiratet Khomeini im Jahr 1928 auch, er bleibt sein ganzes Leben mit der Tochter des schiitischen Theologen Aga Mirza Mohammed Saqafi zusammen und wird Vater von zwei Söhnen und drei Töchtern. Die beiden Söhne werden später in die dramatischen Ereignisse mitverwickelt, und auch ein Schwiegersohn, Ayatollah Eshragi, gehört zu den Zentralfiguren im Duell mit dem Schah.

Was Khomeini aber weit mehr noch als seine akademische Laufbahn bekannt macht, ist ein persönliches Engagement für gesellschaftliche Probleme, das den normalen Einsatz schiitischer Theologen offenbar beträchtlich übersteigt. Schon in den Studentenjahren, vor allem aber später als Professor, präsentiert er sich als ein leidenschaftlicher Kämpfer für die sozial schwächer Gestellten. Das dürfte schon damals wesentlich zu seiner Popularität beigetragen haben. Später rühmen seine Schüler nicht nur den geistigen Tiefgang seiner Vorlesungen, sondern auch seine gesamtmenschliche Sicht und neben der wissenschaftlichen und politischen auch die moralische Dimension seiner Persönlichkeit. Khomeini lebt äußerst bescheiden, ja asketisch, diesem Grundsatz bleibt er bis in das hohe Alter treu.

In den Fünfzigerjahren ist sein Name einer breiteren persischen Öffentlichkeit noch praktisch unbekannt, am Kaiserhof in Teheran aber dürften die ersten vertraulichen Akte über den sozial engagierten Kleriker bereits vor Beginn des Zweiten Weltkriegs eingelaufen sein. Während der großen Khomeini-Heldenverehrung an der Wende von 1978 zu 1979

behaupten seine Anhänger, der alte Schah Reza habe schon vor 1940 versucht, die Vorlesungen Khomeinis zu stoppen. Dafür gibt es heute keine schriftlichen Belege mehr.
Als der Monarch aber 1941 unter dem Druck der Russen und Engländer zurücktritt, setzt sich Khomeini in Ghom wieder an die Schreibmaschine und verfaßt sein erstes ausschließlich politisches Buch: »Aufdeckung der Geheimnisse«. Mit großer Schärfe kritisiert er darin die kulturellen, politischen und sozialen Mißstände in seinem Land und eine Reihe internationaler Verschwörungen zum Schaden des persischen Volkes, die er dem alten, inzwischen ins südafrikanische Exil abgereisten Monarchen vorwirft. Damals, knapp 40jährig und bereits im Range eines Ayatollah, formuliert der religiöse Rebell erstmals drastisch jenen Satz, der dann fast vier Jahrzehnte lang stereotyp sein politischer Kampfruf bleibt: »Widerstand gegen die Tyrannei ist erste Moslempflicht.« Das gilt für das Kaiserhaus in Teheran ebenso wie für fremde imperialistische Mächte. Gleichzeitig predigt er die Schaffung eines sozial-engagierten Iran auf traditionellen Wurzeln.
Es ist im Grunde das alte Konzept der schiitischen Theologen: Kampf gegen den ausländischen Einfluß – das gibt den Mullahs das Image der Progressiven. Und Kampf gegen Reformen im eigenen Land – das gibt ihnen den traditionell konservativen Anstrich. Oberstes Gebot Khomeinis: der Staat dürfe sich nie über die Religion erheben. Alle Gesetze, die dem Islam widersprechen, seien in Wahrheit illegal. Aber auch: religöse Führer sollten keinen Anspruch auf Regierungsgewalt besitzen. Er schreibt dies alles unverschleiert, er formuliert überscharf, was er denkt und woran er glaubt.
Aber noch erspart er sich mit diesen Sätzen die ganz große persönliche Auseinandersetzung mit dem Kaiserhaus. Noch hat der neue, knapp 22jährige Schah Mohammed Reza andere Sorgen; er muß einen verzweifelten Überlebenskampf gegen die ausländischen Besatzer überstehen. Der Theologe in der

Universitätsstadt Ghom bleibt angesichts dieser Konfrontation um Leben und Tod der Monarchie noch eine recht unbedeutende Randfigur. Er bleibt das eigentlich bis zum Jahr 1961, obwohl sein Ruf als geistige Autorität nun auch in der Bevölkerung wächst. Bis seine erste große Stunde kommt.
In Ghom ist seit 1945 der inzwischen 86jährige Ayatollah Seyyed Aga Hussein Borudscherdi der anerkannte Oberpriester der Schiiten – eben jene »Quelle der Imitationen«, deren Wissen und Weisheit sich alle Theologen und Gläubigen im Land unterwerfen. Er ist ein stiller, greiser Gottesmann und sicher keiner der besonders hartnäckigen islamischen Gegenspieler des Schah. Aber als er 1961 stirbt, versucht der Kaiser einen heimtückischen Schachzug, um die Rolle Ghoms als Widerstandsnest gegen die kaiserliche Politik zu schwächen. Er schickt sein Beileidstelegramm zum Tod Borudscherdis ausgerechnet an den Ayatollah Scheich Muhsin al-Hakim in das irakische Wallfahrtszentrum Nadschef, in der Hoffnung, damit ein neues schiitisches Oberhaupt jenseits der persischen Grenzen zu legitimieren. Er will einen Mann in die Nachfolge Borudscherdis drängen, der seiner Regierungsgewalt keine Probleme bereitet.
Aber die Ayatollahs aus ganz Persien, die sich in Ghom zum Begräbnis versammeln, lassen sich vom Schah nichts diktieren. Nach alter Tradition ist jener der erste Anwärter auf die geistige Erbschaft des Toten, der am offenen Grab als Vorbeter fungiert. Was in diesen Stunden – Borudscherdi muß innerhalb von einem Tag begraben werden – in Ghom passiert, bleibt bis heute ein Geheimnis. Sicher ist nur, daß es mehrere Ayatollahs gibt, die offenbar mit dieser Erbschaft gerechnet haben, vor allem der geborene Aserbeidschaner Kazim Schariat-Madari, dann Mohammed Hadschi Milani aus Mesched und Ruhollah Musawi Khomeini. Die Anhänger Khomeinis meinen, nach Borudscherdi sei die Zeit für einen politisch aktiveren Schiitenführer gekommen. Die Abneigung des Ver-

storbenen gegen die Politik habe dem Schah acht Jahre vorher den Sturz seines Ministerpräsidenten Mossadegh erleichtert. Ein umstrittenes Argument, denn es waren die führenden Mullahs, die Mossadegh zuerst stützten, ihn aber in der letzten Phase seines Duelles mit dem Schah alleine ließen. Manche behaupten, es sei die »Jugend« des damals 59jährigen Khomeini gewesen, die schließlich gegen ihn sprach. Sicher ist jedenfalls, daß die Gottesmänner nach dem Begräbnis die Stadt Ghom verlassen, ohne ein klares Zeichen zu geben, wer die Erbschaft antritt. Das ist für die Schiiten nichts Außergewöhnliches. Oft haben sich in ihrer Geschichte die neuen Führer-Figuren erst nach Monaten und Jahren ergeben, oft teilten sich mehrere Ayatollahs den Anspruch.

Es gibt eine Geschichte aus der Familie Khomeinis über die Ereignisse jener Stunden von 1961 in Ghom, ihre Richtigkeit ist durch nichts zu belegen. Demnach saßen die Ayatollahs vor dem Begräbnis beisammen und besprachen, wie alles weitergehen solle. Sichtlich uneinig über den Mann, der künftig eine zentrale Rolle spielen sollte, baten sie Khomeini, nach dem Testament des Toten zu suchen. Er brachte das Schriftstück in einem Kästchen und begann es vorzulesen. Und der Inhalt überraschte ihn selbst ebenso wie die anderen, die hier versammelt waren. »Ich habe noch nicht die Stufe erreicht, um jemanden von Euch als meinen Nachfolger vorzuschlagen«, soll es in dem Schriftstück geheißen haben. Und dann weiter: »Wäre ich aber heute in Eurer Gesellschaft und hätte tatsächlich jemand von Euch meine Meinung wissen wollen, hätte ich nichts gegen jenen gehabt, den ihr ausgewählt habt, um diese Zeilen vorzulesen . . .«

Die Geschichte wird von Islam-Kennern für eher unwahrscheinlich gehalten, sie widerspricht den schiitischen Vorstellungen von der Führung ihrer Glaubensgemeinschaft. Sollte sie aber stimmen, dann würde sie erklären, warum sich Khomeini offenbar bereits ab 1961 als der beglaubigte Interpret

und Vertreter des ersehnten Imams fühlt und warum es andererseits viele persische Ayatollahs gibt, die diesen Anspruch Khomeinis lange nicht akzeptierten. Er muß sich die Anerkennung und Popularität, die ihm in der Bevölkerung so sichtbar zuwuchs, an der Spitze des Klerus sehr viel schwerer verdienen. Selbst in der Stunde seines größten Triumphes sind persönliche Rivalitäten nicht voll überdeckt.
Im Ghom des Jahres 1961 scheinen Khomeini jedenfalls noch viele Zweifel zu begleiten. Aber er zeigt den Gläubigen des Landes und dem Herrscher bald, welche Kraft in ihm wohnt. Und er hat einen Partner, der dieses Kräftemessen zum blutigen Risiko werden läßt: Mohammed Reza Pahlewi, der Schah auf dem Pfauenthron.

Gegenspieler Schah

Durch den Lieferanten-Eingang zur Macht

Marionettenspiele mit dem Kaiser

Kyros gegen Mohammed

General-Probe für das Exil

Um den Beginn der politischen Karriere von Mohammed Reza Pahlewi mitzuerleben, ist ein Sprung zurück vonnöten, genau um 20 Jahre. Damals, im Sommer 1941, als der Theologe Khomeini eben den *Igtihad*-Grad erreicht hat, die höchste Qualifikation im islamischen Klerus, nimmt der alte Schah Reza eines Abends in Teheran seinen Sohn Mohammed Reza erstmals wirklich ernst. Am 22. Juni sind die Deutschen in Rußland einmarschiert. Und der hünenhafte Diktator, der den stets kränklichen, etwas linkischen und in seiner Kindheit eher introvertierten Kronprinzen kaum als Gesprächspartner akzeptiert hat, stellt sich mit seinem Sohn vor eine Landkarte. Mit dem Spazierstock als Zeigestab erklärt er ihm die Welt, vor allem die tödliche Gefahr, in die Persien geraten ist. Wie so oft in seiner Geschichte ist das große Land wieder einmal dabei, von fremden Mächten zerrissen zu werden. Wieder einmal von den beiden alten Feinden, Rußland und England. Die Briten werden die Sowjetunion in ihrem Abwehrkampf gegen die Hitler-Armeen unterstützen – und der Nachschubweg der Engländer kann nur über Persien führen.
Der alte Mann sagt dem 20jährigen, daß die militärische Besetzung bevorsteht. Und als der Sohn den Vater naiv überreden will, die Feinde aus dem Norden und dem Süden mit allen Mitteln zu bekämpfen, da nimmt Reza Schah den Thronfolger an der Hand und führt ihn zum wartenden Ministerpräsidenten Foroughi, der ihm die Stärke der russischen und der englischen Armee darlegen soll. Der Kaiser und der Premier wissen, daß Widerstand sinnlos ist. Und am Ende läßt sich auch der Sohn überzeugen. Düster mahnt Reza Schah den jungen Mann: »Halte dich bereit, in einem Jahr sitze ich vielleicht nicht mehr auf dem Thron.« Dieses Gespräch wird zum Startpunkt einer politischen Karriere von ungewöhnlicher Dauer werden.
In Wahrheit vollziehen sich die befürchteten Ereignisse dann viel rascher, als es der hünenhafte Alleinherrscher geahnt hat.

Russen und Engländer fallen Ende August 1941 von Aserbeidschan und aus dem Irak in Persien ein, schon fünf Tage später wird das Land in drei Zonen aufgeteilt. Nur ein schmaler Landstreifen im Zentrum Persiens rund um die Hauptstadt Teheran bleibt unter der Herrschaft des Kaisers – dazu gehört auch der Wallfahrtsort Ghom. Vier Wochen später stellen die Besatzer das entscheidende Ultimatum an den inzwischen körperlich und seelisch gebrochenen Diktator: Bis spätestens 17. September 1941 um 12.00 Uhr mittags soll der politische self-made-man und Halb-Analphabet Reza auf den Thron verzichten. Der wartet gar nicht so lange, er gibt 24 Stunden vorher auf. Seinem Sohn Mohammed Reza, bisher höchstens als Playboy und enttäuschter Ehemann eine international bekannte Figur, fällt praktisch über Nacht die Herrscherrolle zu. Sofern man zu diesem Zeitpunkt den Ausdruck »herrschen« für Persiens Monarchie noch gebrauchen kann. Daß die Pahlewi-Dynastie in den dramatischen Stunden nach dem Thronverzicht Rezas nicht überhaupt eines schnellen Todes stirbt, liest sich heute wie ein politisches Wunder. Der alte Kaiser läßt an jenem 16. September, an dem das Parlament seine Abdankung zur Kenntnis nimmt, alle Tore des Abgeordnetenhauses schließen. Auch die britischen und russischen Diplomaten, die auf den Galerien vom vorzeitigen und freiwilligen Rücktritt überrascht werden, können weder aus dem Gebäude noch zum Telefon. Sie haben nicht die Möglichkeit, das Ende der persischen Monarchie in alle Welt hinauszuposaunen. Unterdessen wird der Kronprinz in alten Autos auf kuriosen Umwegen vom väterlichen Palast ins Parlament gefahren. Mit Baskenmütze und Sonnenbrille verkleidet, kauert er zwischen den Autositzen am Boden und es gelingt, ihn durch den Lieferanteneingang in das Parlament zu schmuggeln. Im engen Gang vor dem Abstimmungssaal schlüpft Mohammed Reza, bleich und nervös, in seine Galauniform, erhält den Degen und die Schärpe seines Vaters.

Als er vor dem Parlament die Eidesformel ablegt, toben auf dem Balkon die britischen und russischen Diplomaten. Sie haben gegen ihren Willen wieder ein Symbol der nationalen Einheit Persiens präsentiert bekommen.
Aber die Rolle, die der junge, im schweizerischen Internat Rosey ausgebildete »König der Könige« in den nächsten Jahren in Persien zu spielen hat, ist eher kläglich. Er wurde einst zum Prinzen, nicht zum Diplomaten und zum Soldaten erzogen. Die schlimme Lage seines Landes, zerrissen zwischen fremden Interessen, überfordert seine Kenntnisse. »Als ich den Thron bestieg, fand ich mich plötzlich in einem riesigen Meer von Problemen«, sagt er später. Jung und politisch unerfahren muß er im September 1943 den Deutschen den Krieg erklären und zwei Monate später den alten politischen Haudegen Stalin, Churchill und Roosevelt gegenübersitzen. Die Zeit bis Kriegsende, aber auch nahher, sind für den Schah ein mühseliger Lernprozeß, für dessen unzählige politische Frustrationen er sich selbst mit einem bisweilen überflotten Privatleben belohnt.
Seine Stellung als Herrscher ist in dieser Zeit ebenso jämmerlich wie die internationale Position Persiens. Später meint Reza Pahlewi über jene Tage selbstkritisch: »Ich war eine Marionette, deren Schnüre andere gezogen haben.« Die ersten schwachen Anzeichen eines politischen Aufstiegs werden erst sichtbar, als sich der Schah langsam dazu entschließt, im Ringen der Mächte um seine Heimat auf die amerikanische Karte zu setzen.
Im Innern Persiens ist die politische Situation vorerst kaum besser als gegenüber dem Ausland. Ermuntert von der allgemeinen Anarchie, beginnen sich nicht nur die Volksstämme und Minderheiten, die der alte Schah Reza mit großer Brutalität niedergehalten hatte, neu zu erheben. Am 25. Geburtstag des Kaisers kontrollieren die von Rußland unterstützten Kommunisten Persiens die Straßen. Auch die letzten Anhän-

ger und Höflinge der alten gestürzten Kadscharen-Dynastie versuchen eine Rückkehr zur Macht. Und im Untergrund sammeln sich zahllose politische Gruppen und Parteien.
Als der Zweite Weltkrieg endlich zu Ende geht und der nach mühsamen Verhandlungen versprochene Abzug der Besatzungstruppe beginnen soll, marschieren die Russen zuerst in die falsche Richtung, ziehen nach Süden und besetzen weitere Gebiete. Als der Schah aufschreit, fordert Moskau als Voraussetzung für den Abzug der Soldaten einen Vertrag, der Persien praktisch in ein Protektorat verwandeln würde – und die Anerkennung der Autonomen Republik Aserbeidschan, mit Sitz in Täbris. In dieser Situation hilft nur noch Washington, das den sowjetischen Griff nach den Erdölfeldern vermutet. Präsident Truman droht den Sowjets prompt mit einer riesigen Truppenlandeaktion, Stalin weicht zurück, die Sowjettruppen ziehen ab und der Kaiser zerschlägt die im allgemeinen Chaos entstandene Kurden-Republik von Mahabad in Nordwest-Persien ebenso wie das autonome Aserbeidschan. Für den Schah ist damit das Fundament einer Außenpolitik gelegt, die jahrzehntelang unverändert bleiben soll: Partnerschaft mit den Vereinigten Staaten. Eine Entwicklung, die im Land auf scharfen Widerstand stößt, vor allem unter den Mullahs.
Aus jener Zeit gibt es bereits erste Predigten des inzwischen unter islamischen Studenten äußerst angesehenen Ayatollah Khomeini gegen den Ausverkauf persischer Interessen an eine fremde Macht. Schon früh mischt sich in Khomeinis Haltung ein Unbehagen über die Dynastie mit einem gekränkten Nationalismus zu einer explosiven Mischung.
Dabei war ja Schah Reza ursprünglich mit dem Anspruch »Persien den Persern« angetreten. Er hatte im Namen der iranischen Selbstbestimmung gegen die Kadscharen geputscht, die turkmenischen Ursprungs waren und in den letzten Jahren ihrer Herrschaft den nationalen Reichtum des Landes vor

allem in den Kurorten und Kasinos in Europa und in den feinsten Gesellschaften von Wien und Paris verschleudert hatten. Aber die enge Anlehnung an die USA stempelt seinen Sohn und Erben jetzt vor den Augen der Mullahs zum Verräter an der nationalen Sache. Der erste enge Kontakt mit Amerika, den der Schah im Jahr 1946 wegen des zögernden Sowjet-Abzuges sucht und auch findet, wird später vor allem durch das bedingungslose Umsteigen Persiens auf das westlich-kapitalistische Entwicklungsmodell verstärkt. Diese Politik beliefert den Theologen, Sozialreformer und Nationalisten Khomeini praktisch seit dem Ende des Zweiten Weltkrieges ohne Unterbrechung mit Argumenten.
Aber noch etwas bringt den Kaiser auf dem Pfauenthron immer wieder in das Schußfeld der Geistlichkeit: das außergewöhnliche starke geschichtliche Legitimations-Bedürfnis. Schon sein Vater Mohammed Reza hat die islamische Tradition gesprengt und den Namen der Dynastie von den antiken Herrschern Persiens abgeleitet. *Pahlewi,* so hatte einst die Landessprache zur Zeit der Parther geheißen, und der zweite Schah bleibt dieser Linie treu, indem er seinen eigenen Sohn und Kronprinzen nach dem alten Achämeniden-König Kyros dem Großen den Namen Reza Kyros gibt, und als er später, im Jahr 1971, die Aufmerksamkeit der ganzen Welt auf Persepolis als geistiges und kulturelles Fundament seiner Herrschaft lenkt.
Diesem Legitimationsbedürfnis entspricht auch die kaiserliche Heiratspolitik. Um endlich vor der gesamten Welt den Beweis erbringen zu können, daß der Sohn eines Herrschers, der als Hirte geboren wurde, auch unter den Großen etwas gelten kann, arrangiert noch Schah Reza die erste Ehe des damaligen Kronprinzen Mohammed Reza mit Fawzia, der Schwester König Faruks von Ägypten. Ein Ansinnen, das Ägyptens Königshaus zuerst tief empört, denn eine jahrhundertealte dynastische Tradition sollte hier auf eine Stufe mit

einem Emporkömmling gestellt werden. Die Ehe scheitert bald – auch deshalb, weil die Ägypterin statt des erhofften Sohnes ein Mädchen zur Welt bringt.
Nach der Scheidung scheint der nun 30-jährige Kaiser den 11. Februar 1949 als Beginn einer neuen, aktiveren Phase seiner Herrschaft zu betrachten. Mit unbeschreiblichem Glück und durch eine bemerkenswerte Reaktionsschnelligkeit ist er an diesem Tag auf den Stufen der Universität von Teheran einem Mord-Attentat entgangen. Aus allernächster Nähe hat ein Fotograf die Kamera geöffnet und fünfmal auf den Schah geschossen. Später bezeichnet Mohammed Reza diesen Zwischenfall mehrmals als einen entscheidenden Einschnitt in seinem Leben; als eine Herausforderung, die ihm Vertrauen in den eigenen Mut und die Zuversicht gegeben habe, daß ihm eine göttliche Macht zur Seite stehe.
Energisch ergreift der Schah nach diesem Attentat politisch die Zügel und wagt mit dem Verbot der kommunistischen Tudeh-Partei die erste große innenpolitische Herausforderung. Gleichzeitig beginnt er mit Massenverhaftungen, schränkt die Rechte der Presse ein und läßt das Parlament gleichschalten. 1951 wird im Palast von Teheran wieder Hochzeit gefeiert, und wieder hat die Politik bei der Wahl der Braut mitgespielt. Mit Kaiserin Soraya, die einer Familie von Stammesführern aus der weitläufigen und einflußreichen Sippe der Bachtiaren angehört, erhofft der Schah auch eine Versöhnung zwischen dem Kaiserhaus und traditionellen Machtgruppen im Land zu erreichen. Damals knüpft Soraya übrigens auch ein seltsames persönliches Verhältnis zwischen jenen drei Männern, die 1979 den Endkampf um die Monarchie in Persien unter sich ausmachen. Über Soraya wird der Schah nicht nur mit dem letzten von ihm eingesetzten Ministerpräsidenten, Shapur Baktiar, verwandt, sondern auf einigen Umwegen auch mit seinem großen Gegenspieler Ayatollah Khomeini.

Aber das ahnen Braut und Bräutigam damals noch nicht. Sie haben bald nach ihrer Hochzeit andere Sorgen. 1951 wird Mohammed Mossadegh (seine Mutter war Kadscharen-Prinzessin) zum neuen Ministerpräsidenten des Landes ernannt. Auch dies ist eine jener Vorsichtsmaßnahmen des Kaisers, um einflußreiche Gruppen des Landes mit kontrollierter Macht zu betrauen und damit ruhig zu halten. Die Kadscharen sind unter den Pahlewis gesetzlich von der Thronfolge ausgeschlossen, sie müssen deshalb gelegentlich durch Berufung ihrer Verwandten in hohe Ämter besänftigt werden. Schah Mohammed Reza hat allein drei Ministerpräsidenten (Alam, Amini und Mossadegh) aus dieser Fürstenfamilie ernannt. Mossadegh ist ein glühender Patriot, der für die Entwicklung des Landes kämpft, aber weit und breit nirgends das dafür notwendige Kapital entdeckt. Der einzige Reichtum, den Persien besitzt, steht nicht unter der Kontrolle der Regierung: das Öl ist praktisch total in englischen Händen. Sein Programm ist deshalb einfach und unmißverständlich: »Das persische Volk besitzt einen verborgenen Schatz, auf dem ein Drache liegt. Verjagt die Fremden, bremst die Armut, Iran den Iranern«.
Mossadegh ist von jener Welle des Fremdenhasses an die Macht gespült worden, die durch immer neue Predigten in den Moscheen des Landes, vor allem in Teheran, Ghom, Mesched und Täbris, angeheizt wurde. Widerwillig sanktioniert der Schah im Mai 1951 die Verstaatlichung der »Anglo-Iranian-Oil-Company«, die im Lauf der Jahre zum verhaßten Symbol für die wirtschaftliche Beherrschung durch den Westen geworden war. Die Engländer sind vorerst sprachlos und zeigen die für eine Großmacht übliche Reaktion: Fallschirm- und Luftlandeeinheiten werden nach Zypern verlegt, Truppen stehen auf britischen Schiffen im Persischen Golf in Bereitschaft und auf den Flugstützpunkten des Irak wartet ein britisches Geschwader. In dieser Konfrontation mit dem We-

sten beginnt Mossadegh den zögernden Schah völlig zu verdrängen. Er spielt ein irrationales Drama, das ganz Persien begeistert und die Welt vor den Kopf stößt: Vor dem Parlament weint Mossadegh bei jeder Gelegenheit und fällt in Ohnmacht, empfängt wütende westliche Diplomaten im Schlafanzug und baut bei jeder seiner Reden Keksschachteln, Teedosen und Milchflaschen vor seinem Pult im Parlament auf.

Die Mullahs sind ganz auf seiner Seite. Ayatollah Kaschani, ein politischer Frontkämpfer, will zur Verteidigung des persischen Öls sogar eine Armee von 20 Millionen islamischen Kämpfern aufstellen. Seltsam nur: aus diesen Tagen der großen Solidarität zwischen Persiens Nationalisten und höchsten Schiiten-Geistlichen gegen die englische Kolonialmacht fehlt jedes bekannte Wort aus dem Mund von Ayatollah Khomeini. Seine Rolle während der Ereignisse jener Tage, die in ihrem weiteren Verlauf fast als Vorspiel der Ereignisse von 1979 gelten können, bleibt im Dunkeln.

Der Schah hat sich inzwischen mit dem Premierminister überworfen, er hält das Kopf- und Kragen-Spiel Mossadeghs für tödlich. Denn schon bedroht England nicht nur die persische Regierung und alle Käufer des verstaatlichten persischen Öls. Die britische Regierung weist auch ihre Marine an, fremde Tanker auf offener See aufzubringen und zu beschlagnahmen, die persisches Öl geladen haben.

Der empörte Mossadegh geht noch einen Schritt weiter und schließt im Mai 1953 mit den Sowjets einen Vertrag, der ihnen Flugplätze und Marinestützpunkte am Persischen Golf in Aussicht stellt. Damit aber ist sein Schicksal besiegelt, denn jetzt fühlen viele führende Mullahs eine neue kolonialistische Bedrohung, diesmal aus dem Osten, und lassen Mossadegh mit den persischen Kommunisten allein. Im Sommer 1953 ist die Entscheidung unausweichlich. Der Schah beruft mit letzter Kraftanstrengung seinen übermächtig gewordenen Mini-

sterpräsidenten ab und provoziert damit wilde Demonstrationen in den Straßen Teherans. Sie bringen Mossadegh tatsächlich noch einmal an die Macht zurück. Da aber verliert Mohammed Reza die Nerven. In dunkler Nacht verläßt er mit Soraya an Bord einer kleinen Sportmaschine das Land, unterwegs ins Exil. Die internationale Presse erscheint mit jenen Schlagzeilen, die erst 26 Jahre später tatsächlich Wirklichkeit werden sollen: »Ende der Monarchie in Persien« und »Der Schah stürzte vom Pfauenthron«.
In dieser Stunde, als alles verloren scheint, hilft ihm ein 50jähriger Amerikaner, der CIA-Major »Kim« Roosevelt. Er verteilt innerhalb weniger Tage dicke Banknotenbündel unter persischen Schlägertrupps. Er mobilisiert Armeeinheiten, er wirft Geldscheine aus dem offenen Auto und fordert die begeisterten Menschen auf: »Ruft mit mir: es lebe der Schah«. Der speist eben in Roms Hotel »Excelsior« zu Mittag. Der Ober serviert Krabben-Cocktail und kaltes Huhn. Da stürzt ein Reporter in den Speisesaal: »Majestät, sie haben gewonnen.« Und der Kaiser blickt auf: »Ich wußte doch, daß mein Volk mich liebt.«
Schah Reza Pahlewi kommt damals gewandelt nach Teheran zurück. Die Amerikaner haben ihn gerettet, aber sie verlangen jetzt als Gegenleistung für die bitter notwendig gewordenen Kredite vom Monarchen echte Sozial- und Wirtschaftsreformen. Das Öl bleibt verstaatlicht und mit dem neuen Geldsegen will Mohammed Reza, so verspricht er, einen neuen Wohlstand für das ganze Volk sichern. Bei seiner Rückkehr nach Teheran sagt der Schah: »Bis heute war ich ein durch Erbfolge an die Macht gekommener König, jetzt aber bin ich ein gewählter König. Durch Eure Haltung gebt ihr mir die Möglichkeit zu glauben, daß ihr mich gewählt habt«.
Es dauert noch einige Jahre, bis jener andere Schah Mohammed Reza Pahlewi zu erkennen ist, der dann fast zwei Jahrzehnte lang zu einer Zentralfigur der internationalen Politik

wird; jener Monarch, der die »Revolution von Oben« und die »große Zivilisation« verspricht; jener selbstbewußte Alleinherrscher, der jahrelang stolz von sich behauptet: »Iran ist eine Ein-Mann-Show«. Aus dem immer größeren Strom der Öleinnahmen läßt er fortschrittsgläubig, ja fortschrittssüchtig, die modernsten Technologien in sein Land schaffen. Eine Zukunfts-Euphorie, die zwei entscheidende Schwächen hat: Es fehlen ihr jeder Bezug zur persischen Realität und der politische Überbau. Verschreckt von allen Linken, die mehr Demokratie fordern und ängstlich gegenüber religiösen Führern wie Khomeini, die nationalen Substanzverlust und die Zerstörung althergebrachter Lebensformen beklagen, so verordnet der Kaiser seinem Land kompromißlos einen Fortschritt im Eiltempo und ist dabei sicher: »Die Demokratie funktionierte weder bei den alten Griechen, noch tut sie dies in den modernen Industriestaaten – warum also sollten wir sie bei uns einführen?«

Ohne Opposition und Gewerkschaft, ohne freie Presse und ein diskussionsfähiges Parlament organisiert der Kaiser in den nächsten Jahren wirtschaftliche und soziale Reformen, die das Volk nicht versteht, die es folglich nicht stützt und nicht mitvollzieht. Getrieben von der Angst vor dem Ende des Ölsegens startet der Schah am Beginn der Sechzigerjahre die »Operation modernes Iran« als ein Rennen gegen die Zeit. Und viel zu spät wird er entdecken, daß kaum jemand mit ihm gelaufen ist. Das erschöpfte Volk ist längst zurückgeblieben und hat sich ratsuchend wieder an jene gewandt, die ihm traditionell zur Seite stehen, die Mullahs. Für einen von ihnen, Ayatollah Khomeini, beginnt jetzt, am Beginn des Jahres 1963, die Stunde der großen Konfrontation.

Persiens Mullahs: Die neuen Lehrer des Volks

Warten auf Khomeini: Millionen marschieren durch die Straßen

Der Tag als die Schleier kamen: Frauen demonstrieren in Teheran

Der Sieg der Tonbandgeräte: ein Volk lauscht dem fernen Khomeini

Der erste Zweikampf

Rauchwolken über Teheran

»Tod dem Tyrannen!«

Soldaten stürmen die Moschee

Ein Volksheld im Kerker

Als der große Zweikampf zwischen dem persischen Kaiser und dem Priester Ruhollah Musawi Khomeini beginnt, liegt Persien gerade weit abseits des internationalen Interesses. Ein anderes Ereignis überdeckt das blutige Geschehen in Teheran fast völlig. Denn im Rom liegt im Juni 1963 Papst Johannes XXIII. überraschend auf dem Totenbett. Seit Menschengedenken erinnert sich niemand an eine ähnliche Trauer für ein verstorbenes Oberhaupt der katholischen Kirche. So beginnt der erste blutige Akt in der langen und zähen Auseinandersetzung der beiden Männer jedenfalls in den Augen der Europäer fast unter Ausschluß der Öffentlichkeit. Daß die Stadt Teheran in diesen Tagen beinahe dasselbe Szenarium erlebt, das fast 16 Jahre später eine ganze Welt in Atem hält, wird erst aus historischer Sicht deutlich. Denn schon damals provoziert die Rivalität zwischen dem Schah und Khomeini Massenaufmärsche und ein Massensterben.
Am 8. Juni 1963 steht der Schah von Persien am Fenster seines Sommerpalastes in Saadabad im Norden von Teheran, dort wo die riesige Metropole in die kargen Hänge des Elburs-Gebirges übergeht. Vor ihm ein erschreckendes Bild: dichte, schwarze Rauchwolken steigen an diesem Tag aus der Unterstadt auf und legen sich schwer und bedrohlich über die Luxusvillen und Gärten des Herrschers, seiner Günstlinge und der ausländischen Elite, die sich hier, hoch über dem Lärm und der Enge dieser explodierenden Stadt, eine zweite Heimat geschaffen haben. Die Nachrichten, die dem Kaiser in kurzen Abständen von der Führung der Polizei und des Geheimdienstes SAVAK zugespielt werden, sind schlimm. Schon brennt der riesige Basar der Stadt lichterloh, in weiten Teilen des Zentrums sind Feuer ausgebrochen. Es heißt, das Volk sei in Aufruhr.
Der 44jährige Monarch, seit dreieinhalb Jahren in dritter Ehe mit Kaiserin Farah Diba verheiratet (sie ist entfernt mit dem alten Kadscharen-Geschlecht verwandt) und durch drasti-

sche Polizeimaßnahmen seit den Tagen Mossadeghs vor öffentlicher Gewalttätigkeit geschützt, erkennt an diesem Tag recht bald, daß es zum zweiten Mal in seinem Leben um das Schicksal der Pahlewi-Dynastie geht. Für den Schah, der nach internationaler Meinung nun am Höhepunkt seiner politischen Macht steht, kommt der Großangriff auf die Monarchie nicht mehr ganz unerwartet. Er wird aus einer Ecke eröffnet, deren Gefährlichkeit der Kaiser erst seit ein paar Monaten erkennt. Es ist der inzwischen 60jährige Ayatollah Khomeini aus Ghom, der furchtbare Abrechnung mit dem persischen Gott-Kaiser hält und der das Volk mit seinen Worten in einen Fanatismus versetzt, der offenbar sogar die Bereitschaft zum Opfertod mit einschließt.
Denn wer im Persien des Jahres 1963 mit erhobener Faust und Anti-Schah-Parolen die Straßen betritt, muß mit dem Schlimmsten rechnen. *»Sazeman-e-Ettelaat va Amniyate Keschvar«*, abgekürzt *SAVAK*, heißt zu deutsch, »Staatssicherheits- und Abwehrorganisation«. Für über 30 Millionen Perser ist *SAVAK* ein Synonym für Angst und Schrecken. Seit ihrer Gründung im Februar 1957 begleiten Horror-Geschichten ihren Weg, gehört sie zu den beliebtesten Gruselthemen. Mit willkürlichen Verhaftungen, rechtlosen Prozessen, grausamen Folterungen und schlimmsten Haftbedingungen hält sie viele Jahre lang jeden Widerstand gegen das kaiserliche Regime nieder. Selbst Amerikas allmächtiger Geheimdienst CIA urteilte einmal über die SAVAK unterkühlt: »Das ist eine in angemessenem Rahmen berufsmäßig arbeitende Organisation. Auf jeden Fall ist sie im Mittleren Orient die beste ihrer Art. Sie hat natürlich Nachteile, aber sie ist wirksam ...«
Den ersten Blitz schleudert Khomeini schon im Januar 1963 gegen die kaiserliche Politik, als der Schah das Volk zur Abstimmung über seine neue Landreform aufruft; jenes 19 Punkte umfassende Reform-Programm, das unter dem Na-

men *Weiße Revolution* zu einem Zentralereignis der kaiserlichen Politik werden soll. Sie verfügt unter anderem die Enteignung der Großgrundbesitzer. Für Khomeini widerspricht dieser politische Gewaltakt den Lehren des Islam total, er fordert zum Boykott des Referendums auf. Die Schah-Propaganda ist später bemüht, die ihrer Meinung nach wahren Motive Khomeinis aufzuhellen – angeblich ist es der Zorn der Mullahs über den Verlust kirchlicher Stiftungen.
Als die Abstimmung mit einer überwältigenden Mehrheit für den Schah endet, proklamiert der Oberpreister aus Ghom eine vierzigtägige Trauer. Das persische Neujahrsfest *(Now Ruz)* fällt genau in diese Trauerzeit. Khomeini mahnt deshalb die Gläubigen, den Jahresanbruch unter keinen Umständen feierlich zu begehen. Am 22. März, der widerspenstige Ayatollah hält eben wieder ein Trauergedächtnis mit schweren Angriffen auf den Schah, wird es erstmals blutig ernst: Fallschirmjäger attackieren die Feiziyeh-Moschee, dringen in den Gebetsraum ein und unterdrücken gewaltsam jeden aufkeimenden Widerstand. Für die meisten führenden Theologen ist dieser Zwischenfall Anlaß genug, künftig die Politik zu meiden. Um den Ausbruch landesweiter Unruhen zu vermeiden, läßt der Kaiser den feurigen Prediger aber nach kurzer Zeit wieder frei, angeblich mit der Warnung: »Du kannst über alles reden, außer über drei Punkte: Freiheit, Unabhängigkeit und die Rolle ausländischer Mächte«. Von Khomeini ist die Antwort überliefert: »Aber worüber soll ich sonst reden?« Die Einladung von Ayatollah Hakim, lieber nach Nadschef umzusiedeln, weist er zurück: »Wenn wir alle gehen, dann hat der Islam keine Verteidiger mehr in diesem Land.« Und den Gläubigen in Ghom wirft er stolz entgegen: »Ich habe mein Herz darauf vorbereitet, von einem Bajonett durchstochen zu werden, es wird sich nicht vor dem Tyrannen beugen.« Vom Schah möchte Khomeini vor einer dichtgedrängten Schar seiner Anhänger wissen, ob er selbst die

Fallschirmjäger nach Ghom geschickt hat: »Er soll sagen ja oder nein.« Und ob der Kaiser die geistliche Führung von Ghom am Ende deshalb ans Messer liefere, weil gleich vor den Toren der Stadt nach Öl gebohrt werde? Oder wegen geheimer Verschwörungen mit Israel?

Der Kaiser ist beunruhigt, er fürchtet den 4. Juni, den größten Trauertag der Schiiten, wenn die Gläubigen das Gedenken an Imam Hussein begehen, den Enkel des Propheten Mohammed, er einst auf Befehl des Kalifen Yazid ermordet worden ist. Es ist jener Tag, an dem in der gesamten schiitischen Welt die alte historische Wut auf politische Tyrannen von einst und jetzt ihren Höhepunkt erreicht. Jener Tag auch, an dem reiligöse Fanatiker vor allem am Grab Husseins in Kerbala (Irak) ihre Flagellanten-Züge organisieren; an dem sich die wahrhaft Gläubigen aus Schmerz selbst geißeln.

Für Khomeini ist diese Gedenkfeier der ideale Zeitpunkt zum neuen Angriff, den Anlaß hat ihm der Schah selbst geboten. Er hat die islamische Geistlichkeit als »Parasiten« dennunziert. Es gibt ein abgrundböses Zitat des Kaisers über seine Feinde: »Die religiösen Führer wälzen sich in ihren eigenen Exkrementen. Wie die Würmer wimmern sie im Schmutz und im Schlamm. Gleich einem Tier sollt Ihr diese besudelte und unsaubere Klasse abschütteln. Wenn sie nicht von selber aus ihrem Schlaf erwachen, wird die Faust der Gerechtigkeit sie wie der Blitz treffen; einerlei wie das Kleid aussieht und einerlei, wer es trägt.«

An diesem Dienstag, dem 4. Juni, rächt sich Khomeini mit einem Frontalangriff. Er fragt die Gläubigen, wer denn der Parasit sei: Jene, die nie ein eigenes Vermögen besitzen und besitzen wollen – oder jene, die Millionen ins Ausland tranferierten. Und er spricht von der Verschwendung für Verteidigungskosten, von Korruption und Kulturverfall. In der einen Hand hält Khomeini die persische Verfassung, in der anderen den Koran. Und er wettert, der Tyrann beleidige beide. In

der zweistündigen Predigt, die er schon vorher zur zeitgleichen Verlesung in alle großen Moscheen des Landes hatte verschicken lassen, nennt Khomeini den Namen des Schah nicht direkt, er spricht vom »Satan« und vom »Kalif Yazid« unserer Zeit, aber alle Gläubigen in der Moschee wissen genau, wer gemeint ist. Als er geendet hat, drängen die Menschen auf die Straßen von Ghom und brüllen in Sprechchören, was der Kaiser nach seinem kurzen Exil von 1953 nie mehr zu hören hoffte: »Nieder mit unserem Yazid« und »Tod dem Diktator«. Ein paar Stunden lang zögert der Schah, als ihm seine Agenten das Unglaubliche aus Ghom berichten. Einige Berater halten die große Konfrontation mit dem Mullah für äußerst unklug, sie meinen, es wäre möglicherweise besser, den Zweikampf aus dem Weg zu gehen. Aber dieser Rat widerspricht völlig dem Sicherheitsdenken, das der Schah damals sich und seiner Dynastie verordnet hat.
Er läßt den Mann verhaften, der mit dem neuerlichen Auftritt von Ghom nun endgültig eine neue Dimension bekommen hat. Zu seiner religiösen Autorität ist nun auch der politische Anspruch getreten. Hier steht dem Kaiser kein Feind gegenüber, der vor allem Theologe ist, sondern einem, der in erster Linie Volksführer gegen den »ungerechten, illegalen Herrscher« sein will. Und der sich dabei noch provozierend furchtlos zeigt.
Als Khomeini verhaftet wird und unter starker Bewachung in die Kaserne von Ichratabad nahe von Teheran unterwegs ist, bricht die Revolte erst richtig los. Aus der heiligen Stadt zieht die tobende Menge in Richtung Teheran, um den Kaiser zu stürzen. Die Furcht, die der Einzelne sonst vor dem Zugriff der Geheimpolizisten des Schah hat, wird sichtlich um so schwächer, je geschlossener die erzürnte Menge auftritt. Am 8. Juni 1963 verwandelt sich auch die Hauptstadt in ein Schlachtfeld. Zwischen ausgebrannten Autos, demolierten und geplünderten Geschäften, zerstörten Regierungsbüros

und verwüsteten Polizeistationen, drängt sich eine tobende Menge, schwankend zwischen Khomeini-Fanatismus und kalter Mordlust. Ernst blickt das Bild des rebellischen Theologen von Tausenden Plakaten auf eine furchtbare Szenerie herab, denn in dieser Aufwallung von religiösem Amok werden auch Frauen ohne Schleier auf offener Straße gesteinigt. Schon bei dieser ersten blutigen Konfrontation zwischen dem Schah und Khomeini ist es keineswegs nur eine fanatisierte Minderheit, die ihre Unterdrückung durch das kaiserliche Regime so eruptiv mit Haß und Aggression beantwortet. Nein, unter ihnen sind ebenso Intellektuelle wie Arbeiter und Bauern. Ein paar Stunden später erfaßt dieselbe Wut fast alle Provinzen des großen Landes.

Aber Teheran bleibt doch die Hauptbühne der Tragödie. Jetzt büßt der Schah dafür, daß er nicht auf seine Berater gehört hatte. »Khomeini zu verhaften ist sehr leicht, er ist unbewaffnet«, hatten sie gesagt, »ihn aber freizulassen, das wird Schwierigkeiten und einen gefährlichen Prestigeverlust bedeuten.« Als die Menschenmassen mit dem Sturm auf die Rundfunkzentrale beginnen, gibt der Kaiser seiner Garde Schießbefehl. Tanks und Panzerwagen fahren auf die Menge zu, der Kampf beginnt. Die Gegenwehr der fanatischen Menge ist selbstzerstörerisch. Verheerende Brände verdunkeln bald den Himmel über Teheran. In den Rauchwolken geht der Kampf weiter.

Bis heute weiß niemand, ob es damals Hunderte Tote gab, wie persische Zeitungen unter Berufung auf offizielle Polizeiangaben schrieben, oder aber rund 10000 Tote, wie die internationale Presse vermutete. Der Schah ist zuerst fassungslos. Er ist sicher, daß hinter den Unruhen noch andere Drahtzieher stehen müssen als nur Ayatollah Khomeini, dessen politische Brisanz er damals noch nicht voll zu erkennen scheint. Offiziell wird Nassers Ägypten der politischen Subversion bezichtigt. Inoffiziell glaubt der Schah, die lange Hand seines früheren Geheimdienstchefs Teymur Bachtiar zu erkennen, der als allgewaltiger Chef von 50000 persischen Agenten selbst nach der politischen Allmacht strebte und im Juni 1961, vom Kaiser entlassen, ins Schweizer Exil geschickt wurde. Tatsächlich hat Bachtiar in den Tagen vor dem Aufruhr die Schweiz verlassen und wird im Irak nahe der persischen Grenze gesichtet. Erst viel später aber kommt es zwischen diesen beiden Männern, Khomeini und Bachtiar, im irakischen Exil zu einem Kontakt, und der einst allmächtige Chef aller persischen Folterer versucht, Khomeini zur gemeinsamen Allianz zu überreden. Der Ayatollah aber winkt ab: er habe zwar dasselbe Ziel wie der einstige SAVAK-Chef, nämlich den Sturz des Schah, der politische Weg aber könne nicht der gleiche sein.

An diesem 8. Juni 1963, als der Basar von Teheran in Flammen steht, kann der Schah den verhaßten Khomeini zwar noch im Kerker halten, aber er merkt rasch, daß er den neuen Herausforderer nicht wie viele andere seiner Gegner allzu lange hinter Gittern lassen darf, denn die Massenbasis dieses Mannes ist zu groß. Er beauftrag seinen SAVAK-Chef, den General und früheren Kommandant der kaiserlichen Garde, Nematollah Nassiri, einen langjährigen entfernten Freund der Familie Khomeini, mit der Vermittlung. Das erste Angebot, daß der Monarch seinem Häftling macht, beweist die Vorsicht, mit der Mohammed Reza den Gottesmann behandelt: »Wenn Khomeini seinen Sitz von Ghom nach Mesched (Irans zweite heilige Stadt) verlegt, erhält er die Freiheit.« Aber der Ayatollah kontert wieder eiskalt: »Die Lehre des Islam ist älter als die kaiserliche Macht und meine Wege sind nicht die Deinen.«

Der Schah versucht es daraufhin noch einmal, jetzt mit einer Drohung. Durch Nassiri läßt er bestellen: »Bring' mich nicht dazu, die Stiefel meines Vaters anzuziehen.« In Persien ist dies nicht nur eine gängige Umschreibung brutaler diktatorischer Gewalt, es ist für Khomeini auch eine Erinnerung an den November 1927, als die Stiefel des alten Schah Reza auf dem Boden der Moschee von Ghom klirrten. Der Ayatollah antwortete mit einer Schmähung: »Die Stiefel seines Vaters sind für Dich um einige Nummern zu groß.«

Nach diesem Dialog entschließt sich der tobende Kaiser zu einer neuen Strategie. Er muß vorerst die Kerkertore für Khomeini öffnen, um die Massen zu besänftigen, aber der Geheimdienst SAVAK hat bereits den Auftrag, eine dauerhafte Lösung des Problems Khomeini zu erarbeiten. Nematollah Nassiri erntet für seinen gescheiterten Vermittlungsversuch 16 Jahre später von Khomeini keinen Lohn, als erster Staatsfeind der neuen »islamischen Republik« wird er in der Nacht zum 16. Februar 1979 in Teheran standrechtlich erschossen.

Unterwegs ins Exil

Entführung vor dem Morgengrauen

Der Fremde in der Perserstraße

Die »Aktion Turban«

Ein Jagdunfall

Die Liste der Verschwörungen und Attentate, die Schah Reza Pahlewi in den 36 Jahren seiner Herrschaft übersteht, ist lang. Die Prozession jener Männer, die der Kaiser im Laufe seiner Herrschaft in den Tod schickt, ist noch viel länger. Der Mann auf dem Pfauenthron überlebt alle seine gefährlichen Feinde, so oder so. Nur einer von ihnen, der den Tyrannenmord seit vielen Jahren immer wieder in aller Öffentlichkeit rechtfertigt, bleibt auf undurchschaubare Weise verschont, auch im Exil: Ayatollah Khomeini. Dabei hat der Schah seine Geheimdienst-Spezialisten für den raschen Transfer von Gegnern ins Jenseits oft genug auch auf Auslandseinsätze geschickt. Etwa im Spätsommer 1970, als der einstige Geheimdienstchef und spätere Herausforderer und Todfeind Teymur Baktiar einen »Jagdunfall« im Irak nicht überlebt. Der Kaiser leugnet die Tat später gar nicht, lächelnd und ungerührt versicherte er mit größter Selbstverständlichkeit: »Das waren wir, die SAVAK«. Den Schiitenführer Khomeini aber, der den persischen Herrscher ab März 1963 immer brutaler verschmäht, läßt der Kaiser ungeschoren.
Über die Gründe dafür gibt es mindestens zwei Versionen. Die eine taucht erst im Februar 1979 auf und stellt die Ereignisse von 1963 in ein völlig neues, für Schiiten aber schwer vorstellbares Licht. Persische Zeitungen enthüllen nach der triumphalen Rückkehr Khomeinis, der Schah habe seinen Gegenspieler damals in aller Stille vor ein Sondergericht gestellt und zum Tode verurteilen lassen. Als diese Nachricht den schiitischen Klerus erreichte, seien prominente Ayatollahs, unter ihnen Schariat-Madari und Milani, in der Schah Abdul Azim-Moschee im Süden Teherans zusammengekommen und hätten den beispiellosen Beschluß gefaßt, Khomeini zum Imam zu wählen. Damit sei der Todgeweihte über dem Gesetz gestanden und der kaiserlichen Vergeltung entkommen.
Unglaubwürdig klingt diese Version vor allem deshalb, weil

sich höchste persische Theologen damit selbst eine Blasphemie geleistet hätten. Der Imam ist für sie letztlich der erwartete Führer in der kommenden Welt, der Messias. Eindeutig gegen diesen Bericht spricht auch das kritische Verhalten vieler Ayatollahs gegenüber Khomeini bis in die Endphase seines politischen Kampfes. Für diese Enthüllung gibt es allerdings ein konkretes Argument: Iraks Vizepräsident Saddam Hussein rekapituliert am 19. Oktober 1978, drei Tage nach der Abreise Khomeinis von Nadschef nach Paris, über die 15-jährige Exilzeit des Persers: »Khomeini ist ein iranischer Staatsbürger, der in seinem Land zum Tode verurteilt wurde und als Flüchtling in den Irak kam.« Keiner der direkt Beteiligten von 1963 hat mitgeholfen, das Geheimnis endgültig zu lüften.

Auf der Suche nach Gründen für die kaiserliche Zurückhaltung gegenüber dem Herausforderer Khomeini vermuten Schah-Kenner vor allem nüchterne Logik. Denn ein Tod des Schiitenführers hätte für den Monarchen unkalkulierbare Folgen gehabt, schon 1963, als Khomeinis Ansehen ungewöhnliche Dimensionen erhält. Der widerspenstige Ayatollah ist, auch wenn er vor der Welt so lange praktisch unsichtbar bleibt, in all den Jahren der einzig wirklich gefährliche innere Feind des Kaisers. Hinter ihm stehen nicht irgendwelche Truppenteile, nicht einzelne Geheimdienstoffiziere oder Untergrundparteien. Hinter ihm steht mehr und mehr das ganze Volk. So scheint dem Schah ein lebender Khomeini lange Zeit noch irgendwie kalkulierbar, ein toter Held aber wäre sicher zum unkontrollierbaren Märtyrer geworden. Und gerade Persien hat eine lange Geschichte blutiger Machtkämpfe, die sich irgendwann einmal an Gedenkfeiern für nationale Märtyrer erhitzten. Diese Überlegungen sind vermutlich maßgeblich, daß sich Schah Mohammed Reza Pahlewi in jenen Junitagen des Jahres 1963 zu einer unblutigen Dauerlösung entschließt. Als sich der dunkle Rauch über der Hauptstadt

Teheran gelichtet hat und die Toten bestattet sind (angeblich starben allein in Ghom 3000 Mullahs, die sich im weißen Totenkleid den Soldaten entgegengestellt hatten), öffnen sich die Kerkerzellen noch einmal für Khomeini. Zur Beruhigung der aufgebrachten Gemüter schickt der Kaiser sogar seinen Propagandaminister Tavazoli in den Ruhestand, der via Rundfunk schon seit einigen Wochen gegen die Mullahs gewütet hat.

Aber es ist nur ein Scheinfrieden. Khomeini schimpft schon im Oktober wieder über einen Betrug bei Parlamentswahlen und kommt unter Hausarrest. Acht Monate lang sitzt er in Schemiran im Norden von Teheran, gut bewacht von kaiserlichen Aufpassern. Im November 1964 taucht er wieder auf, wilder und unbeugsamer denn je. Diesmal geht es um die Amerikaner. Im März 1959 hat der Kaiser mit dem amerikanischen Präsidenten Eisenhower einen Vertrag geschlossen, in dem die USA die Sicherheit des Iran garantieren. John F. Kennedy, inzwischen in das Weiße Haus eingezogen, ist bereit, diese Verpflichtung zu übernehmen, allerdings unter bestimmten Voraussetzungen. Er fordert für seine amerikanischen Militärexperten in Persien exterritoriale Rechte. Sie sollen der Gesetzgebung im Land nicht unterstellt sein, sollen auch sonst wie auf einer amerikanischen Insel leben. Die Verhandlungen ziehen sich monatelang, aber schließlich stimmt der Schah zu. Das ist es, was Khomeini so wütend macht. Hier sei ein Teufel dabei, die alten Kapitulationsrechte unseligen Andenkens neu aufleben zu lassen. Hier beuge sich das persische Volk wieder einem fremden Joch. »Warum soll das iranische Parlament den amerikanischen Offizieren und Soldaten die Erlaubnis geben, daß sie allen Verbrechen entkommen«, wütet Khomeini, »auch den schlimmsten Verbrechen, auch dann, wenn sie gegen das Staatsoberhaupt oder die religiösen Führer begangen werden? Warum sollen iranische Gerichte um ihre Rechtsprechung betrogen werden? Warum ist

unsere Souveränität nichts mehr wert – nur wegen einer Anleihe von 200 Millionen Dollar, für die wir 100 Millionen Dollar Zinsen zahlen? Warum verkaufen wir dieses Land für einen Hungerlohn?«
Das ist der Zeitpunkt, an dem der Schah die »Sonderaktion Khomeini« starten läßt, die er offenbar längst vorbereitet hat. Am 4. November 1964 liegen ein General und ein kleiner Trupp Militärpolizisten noch vor Tagesanbruch auf der Lauer, als der Ayatollah kurz vor vier Uhr morgens in Ghom von seinem Haus zum Morgengebet in die Moschee marschiert. Vor den Augen seiner fassungslosen Begleiter umringen die Soldaten die schwere, weißbärtige Gestalt und treiben Khomeini auf einen Militärlastwagen. In rasender Fahrt geht es die 150 Kilometer zum Flughafen Teheran-Mehrabad, Auskünfte über das Ziel der Reise werden dem Entführten nicht erteilt. Erst an Bord einer Düsenmaschine erfährt der Verschleppte, wohin die Reise gehen soll: in die Türkei. Ins Exil.
Der Schah hat sich, schon im eigenen Interesse, die Wahl des Verbannungsortes nicht leicht gemacht. Schließlich aber scheinen ihm die Türken ein idealer Partner zu sein. Dort existiert eine solide Mehrheit der Sunniten. Sie zeigt für die schiitische Geistlichkeit nur mäßig Sympathie. Dazu ist der islamische Klerus in der Türkei seit den Tagen Atatürks politisch machtlos. Und überdies sehen sich die Türken und Perser seit langem als Verbündete im westlichen Verteidigungspakt CENTO Schulter an Schulter. Der Schah glaubt, für immer aufatmen zu können.
Für Khomeini aber beginnt fern der Heimat ein völlig neues Leben. Er, der ständig von Mullahs, von Studenten und Gläubigen umgeben war, der im Verlauf der Jahrzehnte selbst ein Stück von Ghom geworden war, taucht plötzlich in der Anonymität unter, die Persiens Regierung ganz bewußt für ihn vorbereitet hat. Khomeini landet in einer Stadt, die es an äußeren Reizen mit Ghom sicher aufnehmen kann. In der

alten osmanischen Metropole Bursa am Rand der fruchtbaren Küstenebene Westanatoliens. Unter den zahlreichen Kuppeln und Minaretten der Großen Moschee und der Grünen Moschee lebt zwar bei den 150000 Einwohnern (1964) die islamische Tradition weiter, aber es ist nicht dieselbe Tradition, in der Khomeini geistig aufgewachsen ist. Hier am Fuße des fast ständig schneebedeckten Ulu Dag findet sich kaum ein Schiit. Die sunnitische Gemeinde umfaßt praktisch die gesamte Bevölkerung. Khomeini bewohnt ein zweistöckiges Haus (das in der Zwischenzeit abgerissen wurde) in der »Acemler Caddesi,« was auf deutsch Perserstraße bedeutet. Hier bezahlt der Mann, der den Gebrauch von Geld sein ganzes Leben lang nicht lernen mußte, 150 türkische Lira Monatsmiete, was damals einen Wert von knapp über 60 Mark bedeutet. Mit ihm lebten nur ein türkischer Diener, den er von der Regierung in Ankara zur Verfügung gestellt bekommt, und eine Katze, von denen Hunderte und Tausende in den Straßen und engen Gassen zwischen den alten Karawansereien und Khanen (Herbergen) streunen. Der türkische Diener wird heute von Khomeini-Anhängern als Doppelagent bezeichnet: Er habe damals im Auftrag des Schah-Geheimdienstes SAVAK und des amerikanischen CIA aufgepaßt, was der alte Ayatollah tatsächlich im Exil treibe. Offizielle Stellen in der Türkei dementieren selbstverständlich, sie hätten dabei die Hand im Spiel gehabt.

Ob Khomeini in Bursa oft Besucher aus Persien empfängt, die wegen offenkundig politischen Absichten die Regierung in Ankara verärgern mußten, ist heute nicht mehr zu erfahren. Unbekannt bleibt auch, ob der Emigrant aus Ghom jemals Kontakte zu türkischen Moslems herstellte, ob er auch in seinem Gastland eine politische Missionierung versuchte. In Bursa selbst ist Khomeini kaum in Erinnerung geblieben. Sein Haus verläßt er damals nur, wenn saubergemacht wird, dann begibt er sich mit einem Wagen, den die türkische Regierung dem undurchsichtig prominenten Gast für die Dauer seines Aufenthaltes zur Verfügung gestellt hat, auf Stadtrundfahrt. Oft zu den berühmten heißen Schwefelquellen oder hinaus zu den weiten Gärten, in denen die berühmten Bursa-Pfirsiche wachsen.

Zur selben Zeit regiert in Ankara mit Ministerpräsident Inönue ein ehemaliger General und absoluter geistiger Erbe Atatürks. Wie alle Kemalisten und Führer der Republikanischen Partei kämpft er politisch um eine Trennung von Staat und Islam. Als Arbeitsminister verdient sich zur selben Zeit der spätere Ministerpräsident Bulent Ecevit seine ersten politischen Sporen. Wenige Monate vor Khomeinis Ankunft ist die Türkei wegen der Zypernkrise ins weltpolitische Gerede gekommen. Der Ayatollah erlebt in den ersten Monaten seiner Anwesenheit noch die heftigen anti-amerikanischen Ausschreitungen im ganzen Land. Die türkische Regierung wendet sich daraufhin verstärkt den Nachbarstaaten zu, also auch dem Iran.

Elf Monate bleibt der Emigrant und Schah-Feind in Bursa. In dieser Zeit leistet zu Hause in Persien der Geheimdienst SAVAK gute Arbeit, um den Verbannten für immer aus der Erinnerung der Gläubigen zu tilgen. Und die Agenten des Schah tun das, wie alles, was sie in Angriff nehmen, mit Perfektion. Jedermann, der nur den Namen Khomeini erwähnt, läuft Gefahr, hinter Kerkermauern zu verschwinden. Und es sind gar nicht wenige Mullahs, die für ihre Treue büßen, manche für immer. Selbst die Heimatstadt Khomein, die ihren inzwischen bekanntesten Sohn nahezu 50 Jahre lang nicht mehr gesehen hat, wird bestraft. Persiens Invest-Bank weigert sich jahrelang, den Geschäftsleuten aus Khomein mit Krediten auszuhelfen. Um den verhaßten Namen für immer zu tilgen, ist die Regierung vorübergehend sogar bereit, 200 Millionen Tuman (rund 60 Millionen D-Mark) bereitzustellen. Großzügig soll statt der bescheidenen Bezirksmetropole mit ihren 7000 Einwohnern ein Wirtschaftszentrum entstehen. Bedingung allerdings ist die Änderung des Stadtnamens: statt Khomein soll die Siedlung künftig *»Aryashar«* heißen, zu deutsch Stadt der Arier.

Die Verwirklichung dieser Pläne entfällt schließlich nur deshalb, weil die Schah-Berater fürchten, das persien-feindliche Irak werde den Kaiser wegen seines offenbar unstillbaren Haßes gegen Khomeini vor aller Welt verhöhnen. Als eines Winters ein Mädchen von Khomein von einem Wolf überfallen und aufgefressen wird, verlegt Teherans Presse das Geschehen sogar in die Nachbarstadt Golpaygan, denn Khomein ist längst kein attraktiver Name für Zeitungsmeldungen mehr. Gleichzeitig treibt die SAVAK nach der Abreise Khomeinis ins Exil ihre schon traditionelle Überwachung des schiitischen Klerus noch weiter voran. Fast in allen Moscheen des Landes horchen des Kaisers stille Ohren zu, wenn die Mullahs über Land und Leute sprechen.

In einer Moschee mitten in Teheran überrascht einmal der Vorbeter seine Gläubigen an einem Freitag mit der ebenso originellen wie seltsamen Idee, alle Mullahs, die unter dem Volk auf schweren Perserteppichen knieen und beten, sollten ihren weißen Turban vom Kopf nehmen. Die Geistlichen blicken verwundert um sich und entblößen schließlich zögernd ihre Häupter. Und jetzt, sagt der Vorbeter, sollten sie das kunstvoll geschlungene Tuch entwirren und vor sich legen. Ratlos folgen die Mullahs auch diesmal, gespannt, was dies alles zu bedeuten habe. »Nun Brüder«, sagt der Vorbeter ernst, »knüpft schnell eure Turbane wieder zusammen.« Da aber geschieht es: denn da sind gar nicht so wenige heilige Männer im großen Rund der Moschee, die hilflos vor den Resten ihrer stolzen Kopfbedeckung knien. »Seht, gläubige Brüder«, ruft jetzt der Vorbeter, »alle Mullahs, die ihren Turban nicht binden können, sind vom Geheimdienst SAVAK.«

Von alldem wird Khomeini in Bursa durch geheime Mittelsmänner laufend informiert. Dennoch fühlt er sich hier – sein Exilort Bursa ist vermutlich nicht durch Zufall jener Punkt in der Türkei, der so ziemlich am weitesten von der iranischen Grenze entfernt ist – allzu abgeschnitten und isoliert. Hier gibt es nichts, was für einen Schiitenführer verlockend sein könnte. So kommt nach elf Monaten der Tag des Abschiedes. Es scheint, als hätten sich in diesem Fall die Interessen aller Beteiligten getroffen – vermutlich nur mit Ausnahme der Wünsche des Schah. Nachforschungen in der Türkei ergeben heute, daß Khomeini eigentlich von allem Anfang an ein Exil im Irak dem Zwangsaufenthalt in der Türkei vorgezogen hätte. Das ist schon aus religiösen Gründen einleuchtend. Aber die Regierung in Bagdad war offenbar monatelang nicht bereit, die notwendige Einreisebewilligung zu erteilen. Sie wurde dem Schah-Feind in Bursa erst im Herbst 1965 zugestellt. Die Türken, mit der Zypernkrise und dem Wahlkampf (erstmals gewann die rechts-konservative Gerechtigkeitspartei unter Demirel im Oktober 1965) voll beschäftigt, waren sichtlich froh, als der Irak endlich Khomeinis Wunsch erfüllte.

So kommt im Oktober 1965 jener Morgen, an dem der Perser seine Koffer packt und sich zum Flughafen bringen läßt. Bei seiner Ankunft in Bagdad steht der irakische Staatspräsident Aref angeblich höchstpersönlich am Flughafen, als der Heimatlose aus Ghom landet. Für das irakische Regime ist der politische Flüchtling gerade jetzt ein politisches Geschenk; eine politische Trumpfkarte im Kampf um den Sturz des Schah-Regimes, die man nach Belieben ziehen kann. Seit dem Spätwinter 1964 ist der alte Zwist zwischen den beiden Nachbarländern wieder voll ausgebrochen.

Khomeini weiß anfangs offenbar nicht, wo er sich eine neue Heimstätte suchen soll. Er taucht ein paar Tage in Samarra am Tigris nördlich von Bagdad auf, ersteigt das berühmte

»Schnecken-Minarett« und steht sichtlich beeindruckt vor den Resten der riesigen Freitags-Moschee. Dann macht er in Kadhimain nahe der Hauptstadt Station, dann in Kerbala, dem großen schiitischen Heiligtum, wo 1285 Jahre vorher das Blut des ermordeten Propheten-Enkels Hussein den Islam gespalten hat, wo die Schitten einst von einer politischen Splittergruppe zu einer Religionsgemeinschaft wurden. Schließlich aber läßt sich Khomeini in Nadschef nieder, in der heiligsten Stadt der Schiiten, auch der persischen. Hier ist das Grabmal des Kalifen Ali, Schwiegersohn und Vetter des Propheten. Hier wird dem Erdreich in einer Umgebung von mehreren Kilometern wunderbare Wirkung zugeschrieben, ununterbrochen sind Gläubige aus allen Teilen der schiitischen Welt mit toten Familienmitgliedern unterwegs, um sie in Nadschef, am Rand der syrischen Küste, zu begraben.
Aus Nadschef kamen auch die ehrwürdigen *Mudschtahiden*, bei denen Khomeini als junger Mann islamische Moral und islamisches Recht gelernt hat. Und Persiens berühmtester Polit-Ayatollah vor Khomeini, Abol Ghassem Kaschani, war in Nadschef groß geworden, ehe ihn die Briten 1919 wegen Aufwiegelung gegen ihre Mandatsregierung zum Tode verurteilt hatten – und ihn zur Flucht nach Persien zwangen.
In der heiligen Stadt des Irak mit der vergoldeten Kuppel findet Khomeini die Umwelt, die er braucht. Zwar sind die Grenzen zu Persien gesperrt, aber Nadschef ist ein Umschlagplatz für Nachrichten aus der schiitischen Welt. Hier sitzt er ab Oktober 1965, hält Vorlesungen, predigt und schreibt Bücher. Seine erste große Rede in der Scheich Ansari-Moschee von Nadschef halten seine Anhänger auf einem Tonband fest, das heimlich über die Grenze nach Persien gebracht wird. So wird es ab jetzt Woche für Woche sein. Khomeini, immer im Türkensitz, immer umlagert von seinen Anhängern, wiederholt in den kommenden Jahren mit einem fast unbewegten Gesicht im monotonen *Farsi* sein Glaubens-

bekenntnis. Die theologischen Ausführungen des persischen Emigranten unterscheiden sich, wie Beobachter beim nachträglichen Studium der Bücher und Tonbänder urteilen, vor allem in den Jahren bis 1970 nicht von der schiitischen Tradition. In seinem Exil ist Khomeini unglaublich produktiv. Als im Jahre 1970 jene Vorlesungen und Predigten in Buchform erscheinen, die er in diesen ersten fünf Jahren der Emigration gehalten hat, füllen sie bereits sechs dicke Bände.

Besonders bemerkenswert: Der Autor bezeichnet sich dabei erstmals selbst als »Imam Khomeini«, ein eher ungewöhnliches Verhalten, das offenbar seinen politischen Anspruch untermauern soll. Überhaupt scheint dieses Jahr 1970 für den Ayatollah eine besondere Wende zu sein. Nach Jahren einer doch theologisch dominierten Studien- und Lehrtätigkeit beginnt nun eine neue verschärfte Phase des politischen Kampfes. Es ist das Jahr, in dem der kaiserliche Geheimdienst im August den einstigen SAVAK-Chef Baktiar im Irak auf atemberaubende Art ermordet, nachdem der Kaiser diesen früheren Vertrauten und Killer durch die halbe Welt verfolgen ließ. Die Iraker haben den schnauzbärtigen General aus seiner schwerbewachten Villa am Genfersee nach Bagdad geholt, um ihn – so wie Khomeini auch – im Kampf gegen den kaiserlichen Nachbarn einzusetzen. Baktiar soll eine Guerillatruppe aufstellen und er scheint damit auch einigen Erfolg zu haben.

Mehrere Versuche persischer Agenten, ihn zu töten, scheitern vorerst. Dann aber wird Anfang August 1970 über der persisch-irakischen Grenze ein Verkehrsflugzeug der »Iran Air« entführt. Die Kidnapper bezeichnen sich als begeisterte Anhänger Baktiars und zwingen den Piloten zum Flug nach Bagdad. Jubelnd wird die Maschine in der irakischen Hauptstadt empfangen, der exilierte General empfängt seine neuen politischen Freunde sogleich und das regierende Regime hat einen politischen Triumph gegen den Schah erzielt. Ein paar

Tage später nimmt Baktiar seine fanatischen Freunde auf einen Jagdausflug in die Nähe der persischen Grenze mit, dort stirbt er, »irrtümlich« von einem der beiden Flugzeugentführer auf der Pirsch erschossen. Die beiden Männer entkommen über die persische Grenze und Baktiar wird nur einen Steinwurf weit von Khomeinis Haus in Nadschef beigesetzt.

1970 ist auch das Jahr eines anderen Todesfalles, der für Khomeini noch viel bedeutungsvoller ist. In Nadschef stirbt am 1. Juni der alte Ayatollah Scheich Muhsin al-Hakim, jener arabische theologische Gelehrte, den der Schah neun Jahre vorher durch sein Beileidstelegramm zum neuen Oberhaupt der Schiiten machen wollte. Tatsächlich war dann ja die Frage der Führung nicht vollständig geklärt, Khomeinis Abwesenheit und die totale Unterdrückung seines Namens durch die SAVAK drängten den Aserbeidschaner Schariat-Madari als geistigen Führer in Ghom mehr und mehr in den Vordergrund. Der Tod al-Hakims aber scheint die Lage unter der Geistlichkeit total zu verändern. Wieder versucht der Kaiser durch Beileidstelegramme die Nachfolgefrage zu beeinflussen, er schickt Depeschen an Schariat-Madari und den Teheraner Ayatollah Khunsari. Schariat-Madari reagiert zustimmend, Khunsari weist den Beileids-Brief zurück. Er sei, so sagt er, nicht die richtige Adresse, wenn es um die Führung der persischen Schiiten geht.

Die offenkundige Intrige des Herrschers provoziert führende Theologen von Ghom zu einer Aktion, die jetzt, im Sommer 1970, die Frage der höchsten Autorität recht eindeutig und auch für den Schah unmißverständlich klärt: 48 *Mudschtahiden* (Männer die den schiitischen *Igtihad*-Grad erreicht haben, de facto Ayatollahs) schicken Khomeini in seine Verbannung eine Ergebenheits-Adresse: »Wir halten zu Dir!« Einige der Unterzeichner wandern daraufhin prompt ins Gefängnis.

In den kommenden Jahren taucht Khomeini während der

großen Pilgerfahrten mehrmals in Mekka auf und verteilt dort seine politischen Pamphlete. Von Versuchen Saudi-Arabiens, den schahfeindlichen Wallfahrer politisch einzubremsen, ist nichts bekannt. Iraks Regierung findet angesichts des heißer werdenden Konflikts mit den Persern verständlicherweise nichts dabei, wenn der Emigrant aus Ghom immer lauter und in immer kräftigeren Ausdrücken die persische Revolution predigt; wenn er nach konkreten politischen Aktionen ruft, um die Korruption im Iran zu beenden und um die iranische Monarchie durch eine parlamentarische Gottesherrschaft unter der geistigen Führung der Koran-Gelehrten auszutauschen. Die Jahre 1970 und 1971 sind dann auch tatsächlich der Höhepunkt in der Krise zwischen den beiden Nachbarstaaten um die Vormachtstellung am Persischen Golf. Am 30. November 1971 besetzen persische Truppen noch vor Tagesanbruch in einem kühnen Handstreich die drei Inseln am Südeingang des Persischen Golfes, die praktisch die gesamte Schiffahrt im wichtigsten Ölzentrum der Erde kontrollieren und Iraks Präsident El Bakr verspricht einer Journalistenschar, die eigens aus der ganzen Welt eingeflogen wurde: »Wir werden jeden Zentimeter arabischen Bodens mit unserem Blut verteidigen«.
In dieser Zeit wird Khomeinis Exil immer stärker zum Wallfahrtsort politischer Pilger – meist sind es persische Emigranten in Europa und Studenten, die an europäischen Hochschulen ihr Studium absolvieren. Denn die Grenzen zwischen beiden Ländern sind vom Schatt-el-Arab bis ins Kurdenland im Norden zur unpassierbaren Frontlinie geworden. Khomeinis Ziel ist es, eine »Generation von Gläubigen heranzubilden, die einmal den Thron der Tyrannen zerstören wird«. Dennoch bleibt dieses Ein-Mann-Gefecht eines Theologen gegen die Kaiserherrschaft ständig unter exakter politischer Kontrolle der irakischen Behörden. Westliche Diplomaten, die jahrelang in Bagdad Dienst tun, erfahren in dieser Zeit gar

nicht, daß Khomeini überhaupt im Lande ist. Seine Wirkung spielt sich allein auf der Ebene der schiitischen Nachrichtenströme zwischen dem Irak und dem Iran ab. Den Machthabern in Bagdad scheint dies zu genügen. Sie halten den alten Mann nicht für attraktiv genug, um mit ihm lauthals Politik gegen Persien machen zu können. Außerdem müssen sie stets fürchten, daß die eigenen Schiiten – angeblich sind sie sogar zahlenmäßig in der Mehrheit – unter den anklagenden Worten Khomeinis politisch unruhig werden.

Der Emigrant erfüllt die vom Irak erhoffte zersetzende Wirkung beim persischen Gegner durchaus damit, daß er via Tonband die schahfeindliche Stimmung unter den Gläubigen aufrecht erhält. Es ist ein Zweikampf mit unterschiedlichen Werkzeugen: Der Schah versucht, mit Hilfe der Kurden das verhaßte Baath-Regime im Irak zu stürzen. Die Regierung in Bagdad aber will mit Hilfe Khomeinis die kaiserliche Diktatur unterminieren.

In all den Jahren, die der persische Oberpriester in Nadschef verbringt, basiert die Liebe zwischen ihm und der Regierung des Gastlandes auf politischer Vernunft. Trotz seiner Anwesenheit werden vom November 1971 bis April 1972 rund 40000 Schiiten aus dem Irak ausgewiesen, die zwar die persische Staatsbürgerschaft besitzen, de facto aber seit Generationen im Irak leben. Die Motive dieser Ausweisungen, über die Khomeini schweigt, sind unklar. Der Schah behauptet damals, mit den Ausgewiesenen wolle der Irak nur Terroristen in Persien infiltrieren. Andere Beobachter vermuten, das sunnitische Regime in Bagdad habe aus ähnlichen Befürchtungen gehandelt: der Schah könnte seine Leute im Irak zum Kampf gegen das feindliche Nachbarregime einsetzen.

Khomeinis Präsenz behindert Iraks Machthaber auch nicht, in den folgenden Jahren im ganzen Land eine Jagd auf Schiiten zu beginnen, in Nadschef die berühmten Flagellanten-Prozessionen zu verbieten, radikale Gläubige hinzurichten.

Peinlich und politisch unangenehm wird der Emigrant erst, als sich die beiden Nachbarn am 6. März 1975 überraschend versöhnen, als der Schah die lange mit persischem Geld und persischen Waffen unterstützten Kurden unter Mustafa Barsani von einem Tag auf den nächsten politisch über die Klinge springen läßt. Jetzt beherbergen die Irakis plötzlich einen lästigen Alten, der nicht mehr zu ihrer neuen Außenpolitik passen will. Und der noch dazu von Tag zu Tag lauter gegen die Schah-Regierung schreit, mit der man in Bagdad Frieden geschlossen hat.
Es kommen die Wochen und Monate, in denen man dem Emigranten immer wieder ans Herz legt, sich doch zu mäßigen. Am Ende fühlt sich Khomeini in einer Lage, die seine Freunde und Anhänger jedenfalls als Hausarrest empfinden. Wieder einmal ist er in eine Isolierung geraten. Aber es ist dieses Mal nur noch eine erzwungene körperliche Abgeschiedenheit, politisch ist der alte Schah-Gegner an der Schwelle zum Greisentum präsent wie nie zuvor. Denn in Persien haben sich die Zeiten gewandelt. Vom Ausland unbemerkt, ist die Allmacht des Kaisers ins Wanken geraten. Nicht durch eine neue, gefährliche Herausforderung seiner politischen Gegner. Nein, vor allem durch eigenes Versagen. Der persische Zauberteppich, auf dem sich Schah Reza Pahlewi zuletzt schon in Himmelsnähe fühlte, ist unversehens in schwere Turbulenzen geraten. Und plötzlich erweist sich auch für ihn, daß es nichts Schwächeres gibt als ein starkes Regime.

Die Todsünden des Schah

Der lange Schatten des Fortschritts

Ein Volk sucht seine Seele

Wo die Kanäle verfallen

Wohlfahrt beginnt im Kaiserpalast

Jahrzehntelang sagte der Schah denselben stolzen Satz: »Ich habe 99,9 Prozent der Bevölkerung hinter mir.« Seine Freunde im Westen und seine Geheimpolizisten konnten oder wollten ihn nicht vom Gegenteil überzeugen. Und je tiefer die Verbeugungen des Auslands und der iranischen Bücklings-Pyramide vor dem allmächtigen Ölgott und Diktator wurden, desto geringer wurde die Chance jener, die rechtzeitig warnen wollten.

Längst aber hatte die Bevölkerung ein bestürzendes Sündenregister ihres gottgleichen Herrschers erstellt, das sie zwar nicht offiziell diskutieren durften, das aber gerade hinter den sicheren Mauern der Moscheen und der Koranschulen besprochen wurde. Dort spürten Persiens Mullahs ein seltsames Phänomen: Je lauter und selbstbewußter die Regierung den Sprung vom islamischen Mittelalter in die Neuzeit propagierte, desto stärker klammerten sich Millionen Perser an ihre religiösen Führer wie an ihren letzten Halt. Der Ayatollah Schariat-Madari etwa, der nach Khomeinis Abreise ins Exil als anerkannte Führungs-Figur in Ghom zurückgeblieben war, formulierte diese Entwicklung so: »Die Menschen sind entwurzelt. Ihr einziger Halt sind die Religion, die Moschee und die Mullahs. Die Leute wenden sich vor allem deshalb an uns, weil sie spüren, daß die Modernisierung und die so hochgepriesene Entwicklung keinen Seelenfrieden bringen.«

Sucht man nach den Quellen, aus denen Ayatollah Khomeini in den letzten Jahren seines Exils diese ständig wachsende Autorität speiste, dann wird man um die Todsünden des Schah-Regimes als Motor der revolutionären Bewegung nicht herumkommen. Die kaiserliche Politik, so ambitioniert sie über viele Jahre war, hat das persische Volk in einer klaren Mehrheit in die Hände Khomeinis getrieben.

Man darf annehmen, daß der Kaiser – beginnend mit der »Weißen Revolution« und vor allem mit dem schwindelerregenden Anstieg der Öleinnahmen – tatsächlich kraftvoll ei-

nen »großen Sprung« vorwärts wünschte, von dem letztlich alle Teile der Bevölkerung ihren Nutzen ziehen sollten. Daß es in der praktischen Durchführung zu einer solchen Fülle von Defekten kam, die den Wert der Reformen nicht nur minderte, sondern teilweise eine Verschlimmerung der sozialen Lage herbeiführte, hat mehrere entscheidende Gründe.
Erstens nahm der Schah jede seiner Reformen als kaiserlichen Genie-Streich propagandistisch auf sich, damit waren die angestrebten sozialen Veränderungen automatisch über alle Kritik und über jede Korrekturmöglichkeit erhaben. Fehler durfte es dabei nicht geben, Rückschläge konnten nicht eingestanden werden. Diese Haltung führte nicht nur zum tragischen Zusammenbruch der klassischen Landwirtschaft, die man eigentlich verbessern wollte, sondern auch zur Zerstörung der geistigen Identität Persiens sowie zum Verfall des bestehenden Sozialsystems, ohne es durch ein wenigstens gleich wirksames zu ersetzen, und zur Vernichtung des traditionellen Handwerks. Ein Prozeß, den einst auch alle europäischen Staaten an der Schwelle zum Industriezeitalter durchzustehen hatten, erwies sich in Persien in mehrfacher Hinsicht als unerträglich. Einmal, weil einer islamisch-orientierten Gesellschaft eine Fülle von Modernisierungskonzepten aufgezwungen wurde, die vollständig auf europäischer Logik und europäischer Mentalität aufgebaut war. Dann aber auch, weil Persiens Modernisierung unter einem beispiellosen Zeitdruck abgeschlossen werden sollte; die Ölreserven waren nach vorsichtigen Schätzungen maximal 40 Jahre abbauwürdig. Und schließlich, weil dieser Raketenstart ins Industriezeitalter ohne den geringsten Versuch einer Angleichung zwischen technologischer und politischer Bildung unternommen wurde.
Als die Regierung erstmals offiziell zugeben durfte, daß der »schnelle Fortschritt leider mit Unzulänglichkeiten Hand in Hand gehe, die eine Verlangsamung in der Wirtschaft und ei-

nen Verfall der sozialen Wohlfahrtsprogramme bewirken«, war bereits der blutige Dezember 1978 gekommen und für kaiserliche Selbstkritik hatte zu diesem Zeitpunkt niemand mehr ein offenes Ohr.

Der zweite und wahrscheinlich entscheidenste Fehler ergab sich aus der oben erwähnten autoritären Struktur des Systems. Der Schah hatte sich durch die Schaffung und den Ausbau des Geheimdienstes SAVAK und durch eine kleine Gruppe von Höflingen so sehr vom Alltagsleben der Perser entfernt, daß die Bevölkerung ihre wirklichen Sorgen nie öffentlich artikulieren konnte und selbst manifeste Zeichen politisch-sozialer Fehlentwicklung nicht bis zum Monarchen drangen. Der Schah hatte ein System geschaffen, das ihn praktisch vollständig von jeder unerfreulichen Nachricht isolierte. Um ihm zu gefallen und um die kaiserliche Gunst nicht zu verlieren, produzierten seine Berater, Schmeichler und willfährige Werkzeuge ein schönfärberisches Bild des permanenten Fortschritts, das zeitweise jeden Bezug zur politischen Realität verlor. An dieser Vision haben auch die meisten westlichen Staaten durch ihre unkritische, bisweilen demütige Haltung gegenüber dem persischen Monarchen mitgewirkt.

Erst Hunderte Kilometer von seinem Land und seinem Thron entfernt, erkannte der Schah in seinen ersten Exiltagen in Ägypten mit einem starken Schuß Selbstmitleid jene Scheinwelt, die er um sich aufgebaut hatte: »Meine Berater haben eine Wand vor mir aufgerichtet«, klagte er gegenüber Ägyptens Präsident Sadat, »eine Wand zwischen mir und meinem Volk.« Und der jahrzehntelang Machtvolle, der auch dem Autor dieses Buches gegenüber bei mehreren Gelegenheiten versicherte, in seinem Land passiere »nichts, was ich nicht weiß und was nicht meine Billigung besitzt«, derselbe Mann gestand nun: »Ich habe nicht bemerkt, was um mich passierte. Als ich aufwachte, hatte ich mein Volk verloren.«

Entfremdung, Überforderung des Volkes und das krasse Mißverhältnis zwischen technologischem Fortschritt und politischer Versteinerung waren also die Hauptwurzeln des Unglücks. Sie überwucherten am Ende alle kaiserlichen Aktivitäten; auch die ursprünglich sicher gut gemeinten; auch jene, die der Westen als »fortschrittlich und modern« bejubelte.
In einem Moslemstaat nach der Vorstellung Khomeinis und einer großen Zahl seiner Anhänger, besteht die Hauptaufgabe der Regierung einfach darin, so wenig wie möglich in das private Leben der Menschen einzugreifen und eine Umwelt zu schaffen die es den Bürgern erlaubt, als gute Muslim zu leben. Diesen fundamentalsten Wunsch hat ihnen die persische Monarchie nicht erfüllt. Und so wuchs die Attraktivität von Khomeinis Traum von einer gerechten, einfachen und sozialen Regierung um so rascher, je weniger die Regierung in Teheran diese Prinzipien erfüllte.
Das begann bei den primitivsten Menschenrechten. Von seinem Vater hatte Mohammed Reza Pahlewi die Strenge eines Herrschers gegenüber dem Volk gelernt und die Geschichtsbücher schienen ihm diese Haltung zu bestätigen. Denn unter einer starken Hand war das 2500jährige Persien stets mächtig gewesen, lockere Zügel machten es dagegen immer wieder zum Spielball fremder Interessen. Das erklärt das langjährige politische Credo des Kaisers: »Ein Land, das sich anschickt, die Unterentwicklung abzustreifen und die Schwelle zum Industriestaat zu überschreiten, muß straff geführt werden.« Fortschritt müsse von oben diktiert werden, »bis Persien wirtschaftlich so weit entwickelt ist, daß es gefahrlos demokratische Formen übernehmen kann«. Unter diesem Motto wurde das persische Volk in eine politische Enthaltsamkeit gedrängt, die am Ende so weit ging, daß 1977 etwa bei einer Nachwahl in Teheran von insgesamt 1,5 Millionen Wahlberechtigten überhaupt nur 60000 bereit waren, sich in die Wählerlisten einschreiben zu lassen. Die anderen empfanden,

angesichts der Sinnlosigkeit politischer Aktivitäten, den Urnengang als beschämende Kulisse. Schließlich gaben nur knapp mehr als 18000 Bewohner der Hauptstadt ihre Stimme ab, mit weniger als 8000 Stimmen erhielt der Sieger sein Abgeordnetenmandat. Eine überwältigende Mehrheit der persischen Bürger orientierte ihre politische Aktivität ausschließlich auf dem Prinzip, dem Geheimdienst SAVAK nur nicht aufzufallen.

Nahezu vier Jahrzehnte lang stützte der Kaiser seinen Absolutismus auf eine starke Armee als Abschreckungswaffe nach Außen und auf den stets gegenwärtigen Geheimdienst SAVAK als Einschüchterungsinstrument nach Innen. Politik als Auseinandersetzung divergierender Meinungen, wie sie gerade im Zeitalter der Industrialisierung unabdingbar notwendig ist, wurde in die Illegalität abgedrängt. 60000 Auslandsstudenten an den Universitäten Europas und Amerikas bedeuteten für diese Politik ein ständiges Risiko. Ihnen gehörte folgerichtig stets die totale Aufmerksamkeit der kaiserlichen Kontrollapparate. Als Khomeinis Anhänger am 12. Februar 1979 nicht nur den Schah-Palast in Teheran eroberten, sondern auch die Gefängnisse der Hauptstadt stürmten, befanden sich noch immer 11000 vorwiegend politische Häftlinge in den Zellen, obwohl die kaiserlichen Regierungen in den Monaten zuvor in ihrem verzweifelten Bemühen, die aufgebrachten Massen zu besänftigen, wiederholt die Kerkertore geöffnet hatten. Im Land, das einst unter Kyros dem Großen, dem vergötterten Vorbild von Schah Mohammed Reza, die erste Menschenrechts-Deklaration der Geschichte besaß, wurden im Namen der kaiserlichen Legalität furchtbare Grausamkeiten verübt. Dabei hatte dieses Bekenntnis zu den Standard-Zitaten des Kaisers bei seinen vielen Auslandsreisen gehört: »Mein Land hat keine politischen Gefangenen.«

Die Behandlung oppositioneller Gruppen durch die SAVAK

Versöhnung auf den Panzern:
Bruderküsse zwischen Mullahs und Soldaten

Ayatollah Khomeini zieht in Teheran ein

Der Sieger über den Schah am 2. Februar 1979 vor der berühmt gewordenen Mädchenschule Alavi

Auch das iranische Militär im Zeichen der roten Nelke und – des Ayatolla

und die offizielle Justiz wirkten dabei über viele Jahre hinweg wie ein seltsames Lotteriespiel. Bisweilen gab es öffentliche Prozesse und manche endeten tatsächlich mit Exekutionen. Dann wieder erhielten Verschwörer, die dem Schah erwiesenermaßen nach dem Leben trachteten, überraschende Freisprüche oder aber sie wurden in aller Stille begnadigt. Für wesentlich kleinere Vergehen gegen die Sicherheit der Monarchie verschwanden hingegen im Lauf der Jahre Hunderte Menschen aus ihrer Umgebung und kamen nie wieder zurück, ohne daß es jemals eine offizielle Erwähnung gegeben hätte.
In dieser Situation, in der es jahrzehntelang praktisch keine politische Öffentlichkeit gab, wurde die Kommunikation unzufriedener Bürger weitgehend ein Monopol der Religion. Hier sammelten sich die Verzweifelten und Gestrandeten des kaiserlichen Fortschritts, sofern sie nicht in die Radikalität terroristischer Zellen abglitten oder sich der kommunistischen Tudeh-Partei anschlossen. Der Schah fürchtete die wahre Macht der Mullahs und Ayatollahs im Verlauf seiner Herrschaft doch so sehr, daß er zwar einige von ihnen verfolgte und auch über Jahre oder für immer verschwinden ließ. Den offenen Totalangriff gegen diese einzigen sichtbaren Widerstandsnester aber scheute er. Als längst jede stille Opposition im Untergrund zerschlagen oder aber von Geheimagenten total unterwandert zu sein schien, wuchs die einzig mächtige Opposition aus der Massenbasis der Moscheen und der Koranschulen. Sie wurde für den Kaiser um so bedrohlicher, als die Mullahs mehr und mehr bereit waren, ihren Protest in einer konkreten Gegenfigur zum Monarchen zu personalisieren, in Khomeini.
Im Jahr 1953 war die Monarchie an den Rand der Existenz gedrängt worden, weil sich die politisch aktiven Gruppen des Landes im Kampf gegen den Kolonialfeind England und seine ausbeuterische Ölpolitik einig waren. Die Kommunisten, die

liberalen Oppositionspolitiker europäischer Prägung, die religiösen Führer und sogar die Großgrundbesitzer marschierten damals unter Mossadegh Schulter an Schulter und zwangen das Kaiserhaus beinahe in die Knie. Im Jahr 1978 aber wartete die tödliche Gefahr vor allem deshalb auf den Schah und seine Monarchie, weil diesmal alle Gruppen des Volkes enttäuscht, frustriert, ja verzweifelt waren. Europas Fortschritt, lange Zeit auch von vielen Bürgern als glitzernde Faszination empfunden, wurde im Zeichen eines unübersehbaren sozialen und kulturellen Zusammenbruchs plötzlich als eine geistige Krankheit diagnostiziert. Die Geschäftsleute klagten über eine solide Rezession und über zu viel staatliche Reglementierung, denn die vom Ölfieber hochgetriebene Inflation zwang zu Preiskontrollen, die der Schah zeitweise nur noch durch Rollkommandos und Schlägergruppen seiner Einheitspartei in den Basaren des Landes garantieren konnte. Die Landbevölkerung litt unter dem Zerfall des traditionellen dörflichen Lebens; eine Folge der industriellen Expansion der Städte, an deren Rändern eine entwurzelte Millionenschar früherer Kleinbauern als Lumpenproletariat auf ihren Anteil am Wohlstandskuchen wartete. In 15 Jahren seit dem Anlaufen der glorifizierten Landreform war der Anteil der Bauern an Persiens Gesamtbevölkerung von 75 auf 52 Prozent abgesunken; nur noch ein Drittel der Beschäftigten im Land arbeitete außerhalb der Städte, als der Schah Anfang 1979 Persien verließ.

Dabei sollte die »Weiße Revolution« von 1963 dem Menschen das Leben auf dem Land erträglicher machen, sollte die mittelalterliche Agrarstruktur beseitigen. Nach halbwegs verläßlichen Zählungen gab es vor dem Anlaufen der Landreform rund 40000 Dörfer. Rund 85 Prozent davon gehörten den Großgrundbesitzern und den religiösen Stiftungen, etwa zehn Prozent waren unter Kontrolle des Staates und nur fünf Prozent im Besitz jener Bauern, die den Boden tatsächlich

selbst bearbeiteten. Das Wasser besaßen sogar zu 98,8 Prozent jene zivilen Feudalherren und geistlichen Verwalter kirchlicher Stiftungen, die ihre Felder und Wiesen nicht selber nutzten. Noch am Beginn der 60er Jahre gab es nur wenige iranische Großgrundbesitzer, die auch tatsächlich auf dem Lande wohnten. Wer damals etwas gelten wollte, mußte 40 oder 50 Dörfer besitzen und manchem gehörten 500 Dörfer und mehr. Alle Versuche, eine Reform dieser himmelschreienden Verhältnisse herbeizuführen, scheiterten lange am persischen Parlament, denn die Volksvertretung war weitgehend zu einem Klub der Großgrundbesitzer und Großkaufleute geworden. Ihre Mehrheit war ungefährdet, weil sie als Grundherren über genügend Bauern verfügten, die von ihrem Wohlwollen abhingen, und die folglich ihre Lehensherren wählen mußten. Der Schah begann mit dem Verkauf von Kronland an die Bauern zu einer Zeit, als Mossadegh mit seiner spektakulären Politik den Monarchen sichtlich in den Hintergrund drängte. Mohammed Reza wollte mit seiner Aktion offenbar politischen Boden gutmachen und appellierte an die Großgrundbesitzer, seinem Vorbild zu folgen. Aber die Feudalherren reagierten praktisch nicht.
Als 1961 nur noch so wenig Getreide geerntet wurde, daß dem Land eine Hungersnot drohte und der Kaiser die USA um Weizenhilfe bitten mußte, entschloß sich der amerikanische Präsident John F. Kennedy, wie man heute weiß, zur politischen Erpressung. Er zwang den Schah zu jener großen Enteignungsaktion, die der Monarch unter Jubeltönen später als zentralsten Bestandteil seiner »Weißen Revolution« durchzog. Die Wirkung ist bis heute sehr umstritten. Zehntausende persische Bauern haben durch die Landreform das Recht auf eigenen Boden erhalten und damit ein völlig neues Verhältnis zum persischen Staat und auch zur Monarchie bekommen. Aber die Bodenreform, die zwar die alten Feudalverhältnisse aufbrach, brachte den erhofften Durchbruch in

der Landwirtschaft nicht, sondern führte zur Landflucht, zum Verfall des traditionellen dörflichen Lebens, zur Zerstörung alter Großfamilien und auch zu dramatischen Einbußen in der landwirtschaftlichen Produktion.
Die Folgen dieser Entwicklung waren nicht nur kurzfristig katastrophal. In jahrzehnte-, ja jahrhundertelanger Arbeit hatten persische Bauern die berühmten »Kanate« angelegt, jene unterirdischen Wassersammelkanäle, von denen es im Iran mehr als 50000 gibt und die in ganz Asien bis tief nach China hinein nachgeahmt wurden. Sie fassen das Grund- oder Sickerwasser unter den Schwemmkegeln der innerpersischen Gebirge und leiten sie zu den Feldern, die den berühmten langkörnigen Reis wachsen lassen, zu den Tee- und Maulbeerbaum-Plantagen. Wasser ist in Persien der größte Reichtum, es ist weit teurer als das Erdöl. Seit der Sog der großen Städte vor allem die jungen Bauern aus ihren Dörfern lockt, beginnen die Bewässerungssysteme in vielen Teilen des Landes zu verfallen. Damit endet eine über Jahrhunderte mühsam aufrechterhaltene Kultivierung, die den Vormarsch der innerpersischen Wüsten aufgehalten hatte.
Freitag für Freitag predigen Persiens Mullahs und Ayatollahs seit Jahren deshalb von ihrer größten Sorge: »Die alte Dorfgemeinschaft ist auseinandergefallen und mit ihr geht die Seele der Bauern verloren.« Vor zehn Jahren konnte Persien noch Getreide, Reis und Zucker in das Ausland exportieren.
Seither ist die Produktion zwar gestiegen, aber sie blieb weit hinter dem Bevölkerungszuwachs und den veränderten Lebens- und Konsumgewohnheiten zurück. Als der Schah mit neuesten Panzern, Computern, mit Stahlfabriken und dem Vormarsch der westlichen Plastikgesellschaft die »große Zivilisation« verwirklichte, fiel unter der Hand die landwirtschaftliche Produktion in gefährliche Tiefen. Auf den eigenen Feldern wurden 1978 weniger als 80 Prozent des benötigten

Weizens gezogen und sogar weniger als die Hälfte jenes Reises, den die Perser selbst konsumieren.

Dieses Bild sprang freilich jenen nicht ins Auge, die in den letzten Jahren das Wirtschaftswunderland Persien besuchten und mit glänzenden Augen durch die Straßen von Teheran marschierten. Hier war die geistige Wandlung auch optisch nicht zu übersehen. Wolkenkratzer stellten die Minarette der alten Moscheen spielend in den Schatten, Parks wurden zu Parkgaragen. Die Renommierstraßen zwischen dem Basar und der noblen Oberstadt verwandelten sich täglich zur Rennstrecke für mehr als eine Million Kraftfahrzeuge, zu einem Korso der Eitelkeiten. In den Schaufenstern lockten alte Möbel aus der Zeit Napoleons, elektrische Sicherheitsanlagen zum Schutz der privaten Kostbarkeiten, Brokatkleider, Farbfernsehgeräte und jede modische Extravaganz die sich eine dünne, aber grenzenlos finanzstarke Schicht leisten konnte. Die Bankettsäle der großen Hotels waren jede Nacht ausgebucht, in immer denselben Kreisen feierte Persiens High-Society, darunter die berühmten tausend Familien der Kadscharen und die 50 Familien der Pahlewi, ihren Partyzirkus. Gleichzeitig lungerten Millionen Perser als Ziegenhirten und Lastträger mit Mini-Löhnen bei Superinflation herum, während das Land Milliarden-Summen für Techniker aus Amerika und Europa und für Facharbeiter aus Indien, Pakistan, Korea und anderen Ländern der Dritten Welt zahlte.

Diese Entwicklung war eine selbstverständliche Folge der kaiserlichen Treibjagd in die Zukunft, eines dekretierten Sprungs über die Jahrhunderte. Denn zur Bewältigung der technischen und geistigen Anforderungen des angestrebten Industrielandes fehlte sowohl die notwendige Basisbildung der Bevölkerung, als auch die Infrastruktur des Landes. Der gewaltig gestiegene Energieverbrauch führte immer häufiger zu Zusammenbrüchen des gesamten persischen Stromnetzes. Die Kaufwut verstopfte die Häfen, wo Schiffe monatelang auf ihre Löschung warten mußten. An den Grenzübergängen stauten sich immense Lastwagenschlangen mit Nachschub für ein Volk, das sich schneller als alle angestrebte Modernisierung zur Import-Gesellschaft gewandelt hatte. Die Möchtegern-Weltmacht konnte sich zwar mit den seit der Erdölkrise 1973 beinahe senkrecht ansteigenden Ölpreisen in fremde Technologien einkaufen, konnte sich zwar Krupp und die Concorde leisten, zu Hause aber wurden die teppichknüpfenden Bauersleute nicht über Nacht zu Ingenieuren und Programmierern. In den überforderten Bahnhöfen, auf den mit Schiffen verbarrikadierten Kais rosteten die Maschinen, zerklumpte der Zement, verfaulte das Obst, verdarb das Fleisch.

Der schrankenlose Spekulations-Kapitalismus, verbunden mit der politischen Schmalkost, machte Persien zu alledem anfällig für die glitzernde Außenseite westlicher Errungenschaften. Renommiersucht und der Kampf um das »schnelle Geld« ließen in den großen Städten Persiens auch den fragwürdigsten Bereich westlicher Errungenschaften groß werden: Spielkasinos, Nachtbars und eine geldhungrige Sexfilm-Industrie. Hier erwies sich die sonst so strikte kaiserliche Zensur als äußerst durchlässig. Wütende islamische Kreise vermuteten dahinter durchaus eine politische Absicht: Hier solle, behaupteten sie, für ein politisch und sozial zutiefst frustriertes Volk eine Art Ersatzlust gefunden werden. Hier hoffe ein diktatorisches Regime auf die verdummende und entpolitisierende Wirkung derartiger westlicher »Kulturgüter«.

Es waren deshalb die Kinos, die Bars und Kasinos – von denen angeblich viele von Mitgliedern der Familie Pahlewi kontrolliert wurden –, die am Beginn des Aufstands gegen den Schah unter der Flagge Khomeinis zuallererst brannten, auch wenn der Ayatollah dafür die direkte Verantwortung zurückwies. Gerade in dieser umstrittensten Form westlichen

Fortschritts trafen sich die drei zentralen Vorwürfe, die Khomeini von seinem Exil aus dem »Satan« in Teheran entgegenschrie: Zerstörung traditioneller islamischer Kulturwerte, diktatorischer Zwang zur Übernahme kolonialer Unsitten und Vergeudung von Volksvermögen für brutalen kaiserlichen Kommerz.

Der Reichtum des Schah hatte dabei einen durchaus soliden Boden. In einer Weltgegend, in der dem Monarchen einstmals alles gehörte (einschließlich der Leibeigenen), verzichtete der Kaiser zwar zuerst auf seinen Grundbesitz und übergab das Privatvermögen später an die »Pahlewi-Stiftung«. Sie aber erwies sich als eine geniale Konstruktion zwischen Wohltätigkeits-Organisation und Familien-Trust, als ein Konglomerat ungeheurer Macht und eines fast unvorstellbaren Reichtums.

Hinter der karitativen Fassade wurde diese »Pahlewi-Stiftung« über Jahrzehnte auf drei Arten genutzt. Einmal als wichtige Einnahmequelle für die kaiserliche Familie. In einem unveröffentlichten Stiftungsbericht heißt es, es sei »unter den Aufgaben der Stiftung keineswegs die geringste, die nahen und entfernten Verwandten des Gründers der Dynastie (Reza Khan) ausfindig zu machen, und für ihre Bedürfnisse aufzukommen, denn die Wohlfahrt beginnt im eigenen Haus und keine Stiftung kann den Bedürfnissen von Verwandten aus eigenem Fleisch und Blut gegenüber blind sein«.

Zweite Form der Nutzung dieser »Pahlewi-Stiftung« ist die Kontrolle der Wirtschaft in wichtigen Bereichen durch direkte finanzielle Beteiligung. Darüber hinaus dürften unter der Hand gerade aus dieser Schatulle auch finanzielle Zuwendungen an jene geflossen sein, die sich als treue Anhänger des Regimes erwiesen, vor allem in der Armeeführung.

Eine kürzlich von der Zeitung »Financial Times« zusammengestellte Beteiligungsliste des Familien-Clans überrascht durch ihr breites Spektrum. Der Schah, seine Geschwister und die angeheirateten Familien waren in mindestens 105 Industriebetrieben finanziell vertreten, Beteiligungen gab es bei 17 Banken und Versicherungsgesellschaften, 25 Metall- und Bergbaugesellschaften, bei nahezu 50 Baufirmen und ebenso vielen Nahrungsmittelbetrieben. Die Pahlewis kontrollierten 24 Luxushotels, hatten praktisch ein Monopol auf die Freizeitindustrie, finanzierten Wohnsiedlungen, Einkaufszentren und die dazugehörende Zement- und Stahlbauindustrie, sie hatten ihre Anteile an Motorrad- und Autoreifenfabriken, kassierten bei der Autoproduktion und im Straßenbau. Darüber hinaus besaßen sie Aktien in der Zuckerverarbeitung, in Brot- und Essigfabriken, bei Klimaanlagen, Heiz- und Haushaltsgeräten, bei Molkereien und Baumwollfarmen. Sie besaßen das Monopol für Persiens Schulbücher und zogen aus der nationalen iranischen Erdölgesellschaft (sie steht in ihrem Verkaufsvolumen noch vor IBM an siebenter Stelle der weltweiten Statistik) einen vorerst unklaren Gewinn. 1976 gelangte ein Monats-Auszug des Jahres 1962 aus einem schweizerischen Bankkonto der Stiftung in eine französische Zeitung, er belegte allein für diesen kurzen Zeitraum eine Überweisung von 12 Millionen Dollar aus der Ölgesellschaft an die »Pahlewi-Stiftung«.

Der Schah, seine Verwandten und Höflinge hatten noch rechtzeitig vor der Ankunft Ayatollah Khomeinis in Teheran ihre Notgroschen auf Schweizer Banken hinterlegt. Und als Khomeini noch vom französischen Exil aus die Forderung auf Rückzahlung dieser Gelder an eine künftige persische Regierung erhob, erteilten ihm die Bundesregierung in Bern, die Schweizer Nationalbank und die eidgenössischen Großbanken rasch eine Absage: Um eine Rücküberweisung der Milliardensummen nach Teheran zu erreichen, müsse Khomeini vor schweizerischen Gerichten den Beweis erbringen, daß die Sparguthaben aus Diebstählen und Unterschlagungen stammten. Selbst wenn den Pahlewis nachgewiesen werden sollte, daß der Schatz durch permanente Steuerdelikte zustandegekommen sei, sei ein Rücktransfer nach Teheran nicht möglich, denn Persien habe keine entsprechenden Abkommen mit der Schweiz unterzeichnet.

Endgültig außer Reichweite einer neuen persischen Regierung waren auch die Beteiligungen an ausländischen Firmen sowie die privaten Haus- und Grundbesitze in London und der Schweiz, in New York, Frankreich, Südafrika, auf den Seychellen und im kalifornischen Beverly Hills. Zurück blieb in Teheran das äußere Zeichen der kaiserlichen Macht und orientalischen Glanzes, der Pfauenthron mit 27000 Diamanten und einem Gesamtwert von rund 1,2 Millionen D-Mark. 3300 Diamanten besetzen allein die Kaiserkrone.

Im Zweikampf Schah–Khomeini um die Gunst des persischen Volkes hatten die strikt kontrollierten Zeitungen Teherans immer wieder unterschwellig auf die Reichtümer verwiesen, die der schiitische Klerus in den heiligen Städten von Mesched und Ghom angehäuft habe. Diese Kampagne schien allerdings selbst in den bettelarmen Schichten der Bevölkerung wirkungslos zu bleiben. Ab dem Herbst 1978 folgten mehr und mehr Perser dem Aufruf Khomeinis, dem Staat keine Steuern mehr zu zahlen, sie überwiesen ihr Geld dafür bereitwillig an den islamischen Sozialfonds.

16 Jahre nach der »Weißen Revolution« von 1963 hatte sich Persien als Folge kaiserlicher Sozialreformen nach den nüchternen Ziffern internationaler Statistiken aus den Krallen der Armut befreit. Doch die Wirklichkeit entsprach den statistischen Zahlen nicht ganz, weil die Ziffern den sozialen Aufstieg eines Volkes nivellieren. Die gepriesene industrielle Revolution im Iran aber hat die Kluft zwischen Arm und Reich, die schon immer gewaltig groß war, noch weiter vergrößert.

»In Persien gibt es nur eine Revolution, sie kommt von Oben«, gehörte zu den Lieblingsworten von Schah Reza Pahlewi. Diese kaiserliche Revolution von Oben hat aber trotz vielerlei Bemühungen das Volk nicht genügend beeindruckt, um auf die Revolution von Unten verzichten zu wollen.

Der Ausbruch der Gewalt

Ein Vater trauert

Die Brandfackel von Abadan

Zwei Wochen Frühling

Das letzte Bollwerk

Am 29. November 1977 legt der alte Ayatollah Ruhollah Khomeini in seinem Exilort Nadschef die Trauergewänder an. Sein 49jähriger Sohn Mustafa, Theologe und Lehrer für islamisches Recht, ist an der Seite des Vaters plötzlich gestorben. Herzinfarkt heißt die offizielle Todesursache. Vergiftung durch Persiens Geheimdienst behaupten Khomeinis Freunde. Hat der unbeugsame Gegner am Ende eine dramatische Warnung erhalten, seinen Kampf ein für allemal aufzugeben? Niemand wird es je erfahren, denn Khomeini nützt die religiösen Traditionen, um diese Frage für immer unklar zu lassen. Der ungeheure Verdacht gegen die SAVAK stimmt nicht nur mit seinen Ahnungen überein, er paßt auch in sein politisches Konzept. So verweigert der Ayatollah die Obduktion, denn Allah befielt eine Bestattung der Toten innerhalb von 24 Stunden. Als man Khomeini später fragt, ob er tatsächlich an eine Gewalttat glaubt, weicht er vorsichtig aus: »Wenn nicht, warum hätte dieser Tod dann das Signal für die Explosion im Iran geben können? Ich kann nicht mit Sicherheit sagen, was passiert ist. Ich weiß jedoch, daß mein Sohn am Vorabend seines Todes noch bei guter Gesundheit war. Und man hat mir berichtet, daß zweifelhafte Leute an diesem Abend bei ihm vorbeigekommen sind. Am nächsten Morgen war er dann tot. Wie das geschah – wie soll ich es wissen?« Als die Nachricht vom mysteriösen Todesfall die schiitischen Koranschulen in Persien erreicht, beginnt die wohl dramatischste Periode in Persiens moderner Geschichte. Sie wird ein Jahr später mit dem Sturz des Kaisers abgeschlossen.
Fast zur selben Zeit, als Khomeini in Nadschef seinen Sohn begräbt, erleben die Menschen im Iran auf ihren Fernsehschirmen etwas für sie Ungewöhnliches, Unglaubliches. Ihr Monarch ist wieder einmal zum offiziellen Staatsbesuch nach Amerika gereist und die Filme via Satellit aus Washington zeigen wüste Schlägereien zwischen persischen und amerikanischen Schah-Gegnern mit der US-Polizei, direkt vor dem

Weißen Haus. Aus persischen TV-Geräten, bisher ausschließlich mit parfümierten kaiserlichen Meldungen gefüttert, dringen plötzlich die Rufe »Nieder mit dem Schah« und »Tod dem Diktator«.

Die ungewohnte Wirklichkeit wirkt in Teheran wie ein Zündfunke. Im Basar der Hauptstadt vergessen Khomeinitreue Kaufleute ihre sonst alles beherrschende Angst vor den Agenten des Kaisers und schreien den Mordverdacht laut hinaus. Sie werden verhaftet, noch ehe sich die erste Demonstration formieren kann. Beim Trauergottesdienst für den Toten in einer Moschee von Teheran predigt der Vorbeter so unmißverständlich über seinen Verdacht, daß ihn die stets anwesende SAVAK gleich mitnimmt. In dieser Situation machen die Geheimdienstchefs, die vom Kaiser zuletzt ein wenig kürzer gehalten wurden, einen furchtbaren Fehler. Sie zwingen die Redaktion der Zeitung *Etelaat*, einen primitiven und leicht zu durchschauenden Hetz-Artikel gegen den »Kommunistischen Verschwörer« Khomeini zu veröffentlichen.

So gerät jener Mann, dessen pure Existenz über soviele Jahre hinweg perfekt ausradiert wurde (und viele Perser dürften ihn tatsächlich vergessen haben), plötzlich wieder in das grelle Licht der Öffentlichkeit, wird über Nacht erneut zur umstrittenen Kampfperson. In Ghom, wo die Erinnerung an ihn besonders wach geblieben ist, kommt es am 9. Januar 1978 zu einem Proteststurm der Theologen gegen die wilden Unterstellungen. Die Armee macht dem Aufmarsch gewaltsam ein Ende. Neun Tote werden amtlich gemeldet aber 70 liegen in den Särgen.

Die Folgen dieses Zusammenstoßes werden für die Dynastie der Pahlewis furchtbar sein. Denn in Ghom beginnt die Uhr der Gewalt zu laufen, die künftig alle 40 Tage schrill läuten wird. Nach schiitischer Tradition beten und trauern die Menschen am 40. Tag nach dem Tod eines Verwandten oder

Freundes noch einmal mit besonderer Innigkeit für die Seele des Verstorbenen. Im Rhythmus dieser jeweils 40 Tage erlebt Persien praktisch ein ganzes Jahr lang den immer gleichen Ablauf von Trauerzügen, polizeilicher Gegengewalt und neuer, noch größerer Trauer. Es ist ein Prozeß, der nicht mehr zu stoppen sein wird, und der sich mit jeder Wiederholung fester mit dem Gefühl des Hasses und der Rache verbindet. Im dramatischen Zweikampf zwischen dem Schah und seinem Herausforderer Khomeini wird sich diese Trauer eines Volkes über seine Toten als ein weit stärkeres Motiv zur offenen Auflehnung erweisen, als noch so radikale politische Slogans.
Den persischen Kaiser trifft dieser Ausbruch der Emotionen in einer schwierigen Phase. Im vergangenen August war die allgemeine Unzufriedenheit über die wirtschaftliche Rezession, über das raketenartige Aufsteigen der Inflation und über den ständigen Zusammenbruch des überlasteten Stromsystems so deutlich geworden, daß der Schah eine neue Regierung mit neuen Versprechungen ins Rennen geschickt hatte. Gleichzeitig fühlte sich der Monarch zu einer kuriosen Ankündigung gedrängt: Die Perser hätten jetzt eine gewisse Reife erlangt, sagte er. Das erlaube ihm, die Zügel im Lande zu lockern. Der Schah versprach freie Wahlen und einen zügigen Demokratisierungsprozeß. Natürlich steckten in Wahrheit andere Motive hinter dieser Entwicklung. Mit Jimmy Carter war ein US-Präsident an die Macht gekommen, der den Menschenrechten sichtlich einen höheren Rang einräumte, als seine Vorgänger. Carter geriet bald in das Dilemma, daß er die Einhaltung der Menschenrechte von den kommunistischen Regierungen im Osten nur dann verlangen konnte, wenn er auch Amerikas eigene Verbündete dazu drängte. Allen voran den Iran. Und für den Schah gab es noch einen zweiten Grund, das politische Ventil im Lande etwas zu öffnen. Sein Sohn war bald 18 Jahre alt und der Kaiser begann

sich über einen ruhigen Wechsel auf dem Pfauenthron Gedanken zu machen. Seine Berater hatten ihm deshalb empfohlen, die Opposition mit einigen Liberalisierungsmaßnahmen zu besänftigen. Und er folgte diesem Rat. Ab Herbst 1977 durften Intellektuelle dem Monarchen Bittbriefe schreiben – die Richter ersuchten ihn dezent um ein wenig mehr Unabhängigkeit für die Gerichte, die Journalisten und Schriftsteller erinnerten vorsichtig an die in der Verfassung garantierte Meinungsfreiheit. Um die Entwicklung nicht ausufern zu lassen, wurde sie vom Kaiser und seinen Ordnungshütern kontrolliert. Wo sich die Opposition allzu offen manifestierte, dort kam die Polizei. Aber sie kam nicht wie früher in Uniform, sondern in Zivil und mit dem Prügel. Das machte für die Behörden vieles einfacher, denn sie konnten jetzt nach brutalen Schlägeraktionen offiziell die »Ausschreitungen anonymer Rowdies« bedauern.

Die ersten Unruhen überraschen den Kaiser genau in dieser labilen Stimmung zwischen einer streng begrenzten Liberalisierung und dem alten, jahrelang eingefahrenen Reaktionsschema, jeden Widerstand von Unten mit einem prompten Druck von Oben zu beantworten. Das westliche Ausland nimmt die Zwischenfälle ein erstes Mal beiläufig zur Kenntnis, als die Polizei 40 Tage nach den blutigen Geschehnissen von Ghom in Täbris, im äußersten Norden Persiens, in die trauernde, demonstrierende, zornige Menge schießt. In den Industrieländern liest man von den Geschehnissen und ist vorerst recht fassungslos. Das alte Klischee, an dem Europas und Amerikas politische Normalverbraucher solange zäh festgehalten haben, soll plötzlich nicht mehr stimmen: Persien als Märchenland der Wirtschaft und der Landreform, als Hort steinerner politischer Ruhe unter der strahlenden Vaterfigur des Schah? Aber im Grunde macht sich die Welt doch nicht allzu viele Gedanken. Man hat sich daran gewöhnt, den persischen Kaiser als unendlich mächtig zu taxieren; man ist sicher, daß er mit dieser Rebellion unverbesserlicher rückschrittlicher Mullahs kurzen Prozeß machen wird. Und einmal versucht es der Kaiser auch noch nach dem Rezept seines Vaters. Am 10. Mai läßt er eine Fallschirmjägereinheit in das religiöse Widerstandsnest Ghom einmarschieren, um Ruhe und Ordnung wiederherzustellen. Dort sitzt an Stelle Kohmeinis der inzwischen 81jährige Shariat-Madari, der eigentlich zu den Männern der Mäßigung zählt. Dieser brutale Gewaltakt des Kaisers aber ist auch ihm zuviel: »In den Augen unserer Nation genügt allein dieser Zwischenfall, um eine Revolution auszulösen. Attacken auf einen schiitischen Führer vergißt dieses Volk nie«, sagt er.

Er weiß zu diesem Zeitpunkt noch gar nicht, wie recht er eigentlich hat. Denn bald kommen die Tage und Wochen, in denen das Bild des Schiitenführers Khomeini die Städte und Dörfer Persiens beherrscht, den der Schah wie keinen anderen Mullah seit Jahrzehnten verfolgt. Bald haben die Unruhen mehr als 30 Städte im Land erfaßt. Und mit jedem Aufmarsch, mit jedem neuen Blutvergießen ist der Kaiser in seinem Palast von Saadabad noch mehr zerrissen zwischen den ständigen Mahnungen der Amerikaner und den immer nachdrücklicheren Warnungen des eigenen Geheimdienstes. Unentschieden, welchem Rat er folgen soll, entschließt sich Mohammed Reza Pahlewi in dieser Zeit der großen Herausforderung zu einer Politik von Zuckerbrot und Peitsche. Sie trägt schließlich dazu bei, daß Persiens Monarchie unaufhaltsam ihrem Ende entgegengeht. Denn diese Mischung von Härte und Nachgeben beschleunigt den Motor der Revolution auf den Straßen, und es ist Ayatollah Khomeini in seinem irakischen Exil, der als erster erkennt, wie sehr sich der Schah damit selbst in den Abgrund stürzt. Denn so wie die Trauer um immer neue Tote auf den Straßen des Landes eine nationale Wut gegen das kaiserliche Regime entfesselt, so beweist auch das Nachgeben des Monarchen, wieviel man in diesem

Land politisch erreichen kann, wenn man es nur mit dem nötigen Nachdruck versucht.
Im Frühsommer läßt sich der Herrscher vom Kabinettschef der Kaiserin Farah einen Bericht über die wahren Hintergründe der Unzufriedenheit vorlegen. Denn die Angst vor der Macht der »schwarzen und roten Reaktionäre«, wie er die islamischen Geistlichen nennt, wächst am Kaiserhof von Tag zu Tag. Der Bericht fällt ziemlich schonungslos aus. Kritisiert wird vor allem die Einheitspartei *Rastakhiz*, in die jeder Perser hineingeboren wird. Ihr wird schwache Führung, mangelhafte Organisation, Bürokratie und politische Lethargie vorgeworfen. Die Unruhen seien die logische Folge einer Frustration der niederen Einkommensklassen, hervorgerufen durch falsche Versprechungen der Regierung und Demütigungen durch Ämter und Behörden.
Was der Bericht über die religiösen Hintergründe der Ausschreitungen zu sagen hat, wird nie bekannt. Anfangs August aber verspricht der Schah sichtlich panisch seinem Volk ein Maximum an politischen Freiheiten nach dem Muster westlicher Demokratien, über die er sich jahrelang lustig gemacht hat. Den Parteienstaat hat er immer als »Affenzirkus« qualifiziert, jetzt verspricht er die Bildung verschiedener politischer »Flügel«, vorerst freilich innerhalb der Einheitspartei. Aber die schönen Worte kommen offenbar zu spät, denn keiner will wirklich glauben, daß ausgerechnet jener Mann Freiheit, Recht und Verfassung garantieren will, der sie 37 Jahre lang so sehr mißachtet hat. So bleiben die Straßen der persischen Städte die Schauplätze ständig neuer Aufmärsche unter dem Bild des alten Khomeini. Daß Europa die Protestwelle während der Sommermonate aus den Augen verliert, hat genau dieselben Ursachen wie schon 15 Jahre zuvor, beim ersten Zweikampf zwischen dem Schiitenführer und dem Kaiser: wieder liegt ein Papst auf dem Totenbett, Paul VI., und dann auch noch Johannes Paul I.

Die Brandfackel vom 20. August aber lenkt alle Interessen wieder auf den Iran. In einem Kino von Abadan verbrennen 377 Menschen, weil die Ausgänge von unbekannter Hand versperrt wurden. Die Schreckensszenen dieses Abends (der Schah begeht eben den 25. Jahrestag seiner Wiedereinsetzung nach dem Sturz Mossadeghs) werden zu einem Fanal. Aber der Sturm der Trauer und Verzweiflung geht in eine andere Richtung als es der Kaiser erwartet. Von der ersten Stunde an, da in Abadan die Erstickten, Verbrannten und zu Tode getrampelten in Massengräbern verscharrt werden, zweifelt die Bevölkerung an der Unglücksversion der Regierung, hier hätten wieder einmal religiöse Wahnsinnige gezündelt. Viel eher glauben die Perser, hier habe das Regime selbst mit dem Feuer gespielt, um die geballte Wut des Volkes vom Kaiser auf die Mullahs umzulenken. So wird der Großbrand plötzlich zu einem revolutionären Signal. Es verbindet eine deutliche Mehrheit der Bevölkerung noch enger mit jenen, die den Schah für alle Sünden in diesem Land verantwortlich machen, allen voran mit Khomeini. Er ist zwar 400 Kilometer von Abadan entfernt in seinem Exilort Nadschef, aber er weiß es ganz genau: »Der Schah und seine Handlanger haben Hunderte Menschen verbrennen lassen!«
Eine Woche später zieht der Kaiser seinen Ministerpräsidenten Amouzegar in großer Eile ab und stellt ein neues Gesicht vor das wütende Volk, den tief religiösen Predigersohn Sharif Emami. Ihm gibt er den Auftrag, zu retten, was noch zu retten ist. Er soll die Mullahs umschmeicheln und er tut es mit einer Eilfertigkeit, die vielen Persern zu durchsichtig ist. Unter Emami druckt Teherans größte Zeitung ein Bild des neuen Volkshelden Khomeini, das sich ein ganzes Volk prompt an Fenster und Mauern klebt. Der Premier wechselt schon am ersten Tag seiner Amtszeit den kaiserlichen Kalender gegen die islamische Zeitrechnung aus, läßt die religiös umstrittenen Spielkasinos schließen und löst auch das Staatsministerium

für Frauenangelegenheiten auf, das den schiitischen Theologen gar nicht gefällt.
An religiösen Trauertagen ändert Persiens Radio und Fernsehen jetzt sein Programm und die Regierung kondoliert zum Tod eines jeden religiösen Führers. Der Schah erlaubt Emami, in seinem verzweifelten Ablenkungsmanöver noch ein Stück weiter zu gehen. Er darf erstmals den demonstrierenden Massen in ihrem Zorn über die Schattenseiten kaiserlicher Politik recht geben: »Klagen und Seufzer sind aus jeder Ecke des Landes zu hören.« Und er darf den Anverwandten des Kaisers die Verwicklung in finanzielle Transaktionen untersagen. Während die Massen toben, untersucht der Monarch betriebsam die privaten Geldgeschäfte der königlichen Familie, ob sich nicht gar Mißstände eingeschlichen haben. Der alte Khomeini erhält indessen in Nadschef mehrmals Besuch. Die Regierung in Teheran lädt ihn ein, ja fleht ihn an, wieder nach Hause zu kommen. Seine Sünden von einst sind vergessen, man hat ihn amnestiert und begnadigt. Doch Khomeini, dessen Bilder bereits in abertausend Geschäften, Büros und Werkstätten die alten Hochglanzfotos des Kaisers verdrängen, bleibt stur und kompromißlos: »Solange der Schah im Iran ist, werde ich nicht zurückkehren.« Er ist sicher, daß die angebotene Heimkehr für die Regierung nur einen Sinn haben kann, nämlich ihn zum Schweigen zu bringen.
Unterdessen öffnet Emami die Gefängnisse, läßt politische Würdenträger der Vergangenheit wegen Korruption anklagen, säubert die Geheimpolizei und hebt die Zensur weitgehend auf. Aber der Frühlingswind, dem Khomeini vom ersten Augenblick an nicht getraut hat, dauert nur zwei Wochen. Am 8. September, 24 Stunden nach der Ausrufung des Generalstreiks durch die Opposition, feuert die Armee in die demonstrierenden Massen. Ein Exempel des Schreckens soll den Ungehorsam einbremsen, denn die riesige Menschen-

menge hat das soeben verhängte Kriegsrecht nicht beachtet, hat wieder Banken, Kinos und Restaurants angezündet. Das ist der Tag, an dem die Schreie nach Rache ihren Höhepunkt erreichen. Jetzt beginnen die Wochen der großen Streiks, die schließlich das ganze Land lähmen. Die Telefonisten beginnen, die Lehrer folgen, dann kommen die Beamten und schließlich die Arbeiter der Ölindustrie.

Das Land gerät mehr und mehr in einen Zustand, über den sich die ganze Welt Gedanken machen muß, denn die Ölproduktion Persiens betrifft alle. Als immer mehr Menschen sterben, kommen die geistigen Aufmunterungsgespräche des alten Khomeini in immer kürzeren Abständen. »Das Blut wird letztlich über die Schwerter siegen«, ruft er den Massen auf Tonbändern zu. Die Streikenden motiviert er aus der Ferne: »Ihr leistet einen großen Dienst für unser Land.« Die Soldaten aber, die auf ihr eigenes unruhiges Volk schießen, warnt er: »Verlaßt Eure Kasernen, ihr entehrt euch.« Noch immer sind keineswegs alle, die unter seinem Bild gegen den Schah demonstrieren, so konsequent wie ihr religiöser Führer in der Emigration. Für viele ist der Gedanke, den Schah tatsächlich zu stürzen, noch völlig unvorstellbar. Sie halten den Kampf um eine konstitutionelle Monarchie für viel aussichtsreicher, weil realistischer. Selbst unter den Mullahs in Persien herrscht Uneinigkeit. In Mesched erzählt Ayatollah Ghomi seinen Gläubigen, ihn habe im Traum der heilige, vor vielen Jahrhunderten verstorbene Imam Reza besucht und geklagt, daß Khomeini die Moslems gegeneinander aufhetze, daß seine Befehle gegen das islamische Gesetz seien. Manche glauben dem Ayatollah, andere halten seinen Traum für einen Regierungstrick. Gelegentlich sehen begeisterte Anhänger Khomeinis sein Bild des Abends auch als Mann im Mond.

Es kommt der Tag, an dem selbst der Schah, inzwischen völlig in seinem Palast eingeschlossen, erstmals das Schweigen über den Erzfeind bricht. Wie würde die Welt reagieren, fragt er ausländische Journalisten, wenn Papst Johannes Paul II., ein geborener Pole, offen mit einem Bürgerkrieg gegen Polen drohen würde, die polnische Armee zur Meuterei auffordern und das polnische Volk zum Aufstand gegen die kommunistische Regierung animieren würde? Die Welt würde, so glaubt der Schah, einfach offen zugeben, daß dieser Papst den Verstand verloren hat. Khomeini aber, Oberhirte über die schiitischen Schäflein, besitze noch immer das Interesse der Welt. Der Kaiser malt noch in dunkleren Farben. Sollte das islamische Regime zustande kommen, das wohl eine kuriose Mischung von Mohammed und Marx sein müsse, dann würde Persien in drei oder vier autonome Teile auseinanderbrechen und Moskau würde sich die Gebiete am Kaspischen Meer als »Iranistan« rasch einverleiben. Der Schah erinnert die Zeitungsleute an Chruschtschows Worte, Persien sei letztlich »schon ein fauler Apfel, man muß nur warten, bis er in unsere Hände fällt«.

Gleichzeitig versucht der Monarch den Rückzug in die Kulissen, um der persönlichen Schuld für die blutigen Geschehnisse zu entkommen. Er, der immer stolz war, in diesem Land alleine bestimmen zu können, spielt plötzlich den Unbeteiligten, den Ahnungslosen. Auf den Dekreten zur Einführung des Kriegsrechts steht sein Name nicht, mit Massakern und Verhaftungen hat er nichts zu tun. Und am 7. November 1978, eine Woche nach Beginn des totalen Erdölstreiks und zwei Tage nach schwersten Ausschreitungen, die Englands BBC als »Inferno der Zerstörung und eine Hölle von Haß« bezeichnet, versichert der Kaiser seinem Volk: »Auch ich habe eure revolutionäre Botschaft gehört. Ich bin der Hüter der iranischen Monarchie, ein heiliges Amt im Namen Gottes und im Auftrag des Volkes. Und ich garantiere, daß alles, wofür ihr kämpft und wofür manche von euch starben, bewilligt werden wird.«

24 Stunden vorher freilich hat er die Versöhnungsmission sei-

nes Ministerpräsidenten Emami beendet und der Armee die Regierungsgewalt übergeben. Sie ist jetzt sein letzter Schutzwall, der die Dynastie der Pahlewis vor dem wütenden Volk bewahrt. Wenn auch dieses Bollwerk unter den Schlägen des alten unbarmherzigen Khomeini zerbröckelt, dann wird es um Schah Reza Pahlewi und seine Dynastie endgültig geschehen sein.

Die ferngelenkte Revolution

Der Mann unter dem Apfelbaum

Ein Emir hat Angst

Der Triumph des Tonbandes

»Heirat« mit einer 18jährigen

Irgendwie passen diese beiden Bilder noch nicht zusammen. Da ist ein mächtiger orientalischer Kaiser, der plötzlich unter den Schlägen eines tobenden Volkes zittert, das zu Hunderttausenden durch die Straßen zieht und sich die Kehlen heißer brüllt – aus Sehnsucht nach einem anderen, besseren Führer: Ayatollah Khomeini.

Und da sitzt gleichzeitig ein alter Mann 4500 Kilometer vom Zentrum des Aufruhrs entfernt auf Kissen unter einem Apfelbaum, ruhig und weltvergessen im schlichten grauen Gewand, umgeben von bärtigen Mullahs, und meditiert. Es ist sein Bild, das die Massen in diesen späten Oktobertagen des Jahres 1978 durch die Straßen von Teheran, Täbris, Mesched, Isfahan und andere Städte Persiens tragen; dieses ausgemergelte Gesicht, das durch die tiefschwarzen Augenbrauen und den langen weißen Bart noch düsterer, fremdartiger wirkt. Eines Tages steht dieser Verbannte auf dem Flughafen der französischen Hauptstadt und für einen Gottesmann und Emigranten hat er bemerkenswert viel Übergepäck, finden die Franzosen. Aber der feurige Geistliche, der nun schon fast ein Jahr lang die persische Revolution aus der Ferne lenkt, beschämt alle jene, die sagenhafte Kirchenschätze in den Koffern aus Bagdad vermutet haben. In seinem 76. Lebensjahr reist Ruhollah Musawi Khomeini, jetzt schon seit 14 Jahren vertriebener Rebell der Schiiten, mit einer kleinen Hausbibliothek in sein drittes Exil. Daß es gerade Frankreich ist, entspringt eher purem Zufall, denn das ursprüngliche Reiseziel Kuwait erweist sich als ungastlich. Der Emir des kleinen Ölstaates am Persischen Golf fürchtet politische Unannehmlichkeiten, denn noch weiß keiner, wie das Kräftespiel im Iran tatsächlich enden wird. Und für die Scheichs ist der Gedanke an den Sturz des persischen Kaisers schwierig und persönlich bedrohend. Die Herrschaft über die meisten Ölstaaten am Golf ist noch wesentlich autoritärer als jene des Kaisers. Ihr Vorteil gegenüber Mohammed Reza ist allerdings, daß es zwischen Kuwait und Abu Dhabi in keinem der Emirate wirklich Volksmassen gibt wie in Persien. Die Wohlstandsbürger am arabischen Ufer des Golfs sind bisher bereit gewesen, mangelnde politische Mitsprache als kleines Opfer für die große Geldflut hinzunehmen. Das einzig wirkliche Problem für die Scheichs bleibt der tägliche Umgang mit den straff organisierten, zumeist auch gebildeten und vielfach radikalisierten Palästinensern. Ohne sie würde das inzwischen hochtechnisierte Leben in den Golf-Emiraten nicht funktionieren, würde kein Wasser fließen und keine Lampe brennen. Ihrem politischen Fanatismus aber müssen die Ölherren ständig rhetorisch, finanziell und militärisch Opfer bringen. Emir Jaber al-Sabah spürt diese politischen Sorgen noch bedrängender im eigenen Haus als seine Kollegen in den Golfstaaten weiter südlich. Kuwait besitzt nach geheimgehaltenen Statistiken bereits eine Mehrheit von Bewohnern, die zugewandert sind. Er sieht keinen Grund, sich mit dem alten Ayatollah Khomeini – einem Schiiten überdies – in seinem sunnitisch beherrschten Emirat eine neue Bürde aufzulasten.

So steht der alte Muslimführer wieder einmal vor der Frage, wohin. Im Orient bleibt ihm sonst keine Wahl, arabische Regierungen wollen sich die Gunst des Schah noch nicht verscherzen und Israel war nie in Khomeinis Gunst. Der Abschied von Nadschef ist ihm am Ende leicht geworden. Vor dem alten und ärmlichen kleinen Haus, dessen drei Zimmer er zuletzt mit zwölf Angehörigen bewohnte, stehen die Aufpasser bei Tag und Nacht. »Die irakische Regierung hat mich im Auftrag des Schah unter Druck gesetzt«, erzählt er einige Wochen später, »es war meine religiöse und göttliche Aufgabe, das Land zur Fortsetzung des Kampfes zu verlassen.«

Am 19. Oktober 1978, drei Tage nach der Abreise Khomeinis aus Nadschef, erklärt der irakische Machthaber Saddam Hussein, Vizepräsident des Revolutionsrates, warum seine Regierung nun plötzlich dem Schiitenführer das Asyl verweigert:

»Wenn wir unser Land zu einem Zufluchtsort für Khomeini machen, er aber von hier aus die iranische Innenpolitik zersetzt, dann müssen wir uns dagegen stellen. Wir haben Khomeini diese Haltung dargelegt und ihn aufgefordert, entweder dieses Programm zu respektieren oder seinen Aufenthalt im Irak nochmals zu überprüfen. Doch Khomeini hat uns geantwortet: ›Ich werde meine politischen Aktivitäten fortsetzen. Wenn dies euren Vorstellungen zuwiderläuft, dann sehe ich mich eben gezwungen, das Land zu verlassen!‹« Der irakische Vizepräsident nutzt die Gelegenheit gleich, um indirekt auch den eigenen schiitischen Theologen zu sagen, was man von ihnen künftig erwartet: »Wir respektieren Religionsführer und unterstützen ihr Bestreben, das Volk zu erziehen. Nur erlauben wir den Priestern nicht, die Politiker zu ersetzen. Genauso dürfen Politiker die Priester nicht ersetzen.«
So geht Khomeini noch einmal auf Reisen. Diesmal ist er nicht mehr der isolierte, vergessene Schah-Gegner, sondern bereits der große Held der Perser. Die Regierungen in Teheran und Bagdad aber werden erst später erkennen, welch furchtbaren Irrtum sie begangen haben. Denn durch diesen Abschied aus der relativen Abgeschiedenheit eines irakischen Wallfahrtszentrums nahe der persischen Grenze wird der islamische Feuergeist endgültig zum internationalen Medienstar. Für den Irak bringt Khomeinis wachsende politische Glorie bald auch innenpolitische Probleme, denn das Feuer seiner »islamischen Revolution« in Persien fasziniert und wärmt bald auch die irakischen Schiiten, die schon lange von ähnlichen Sorgen geplagt werden wie ihre persischen Nachbarn: Auch bei ihnen sind Politik und der Anspruch des Islam nicht unbedingt deckungsgleich. Khomeini aber tut schließlich noch mehr, um die Politiker in Bagdad nervös zu machen. Kaum nach Persien zurückgekehrt, holt er sich mehr und mehr Kurden in seinen engsten Führungsstab (darunter auch Außenminister Karim Sandschabi), vor deren politi-

schem Wiedererwachen das irakische Baath-Regime ohnedies Stunde für Stunde zittern muß.
Doch in den ersten Tagen seiner Anwesenheit in Paris ist der finstere Orientale in Neauphle-le-Chateau, 30 Kilometer westlich von Paris, für die Franzosen vorerst kaum mehr als ein Kuriosum. Er hat eine eher schäbige Zweifamilienvilla bezogen, die einem Libyer gehört – was prompt politische Spekulationen über die stillen Sponsoren seiner Bewegung auslöst, die Libyer liefern später auch laufend Bestätigungen. Bei einem Besuch in Rom brüstet sich der libysche Außenminister Ali Treiki damit, sein Land habe durch kräftige Schützenhilfe für die persische Opposition erst den Sturz des Schah ermöglicht. Schon drei Jahre zuvor hatte Libyens Staatschef Muammar Gaddafi dem Autor dieses Buches mit Nachdruck versichert: »Der Schah ist der größte Feind aller Araber.« Als der Kaiser dann von Khomeini tatsächlich ins Exil geschickt wird, deuten die Libyer hoffnungsvoll gleich ihren nächsten politischen Einsatz an – den Sturz der saudiarabischen Monarchie.
Khomeini läßt, kaum in Paris angekommen, vor dem neuen Quartier an der stillen Rue de Chevreuse eine blaue Zeltmoschee in den Vorgarten stellen und seine 25 Begleiter hängen ihre Leitsprüche in Persisch und Französisch an die Zeltwände: »Lieber sterben, als sich erniedrigen lassen« und »Nach Allahs Ratschluß hat Ayatollah Khomeini die zweieinhalbtausend Jahre dauernde Herrschaft der Kaiser von Iran beendet«. Freilich, so weit ist es zu diesem Zeitpunkt noch keineswegs. Die Franzosen sind geneigt, zuerst einmal die Außenseite dieses orientalischen Spektakels an ihrem Stadtrand zu sehen – den Mann im Turban, der mit vier Stunden Schlaf auskommt, dafür aber sechs bis acht Stunden in Gebet und Meditation versinkt. Seine Diät aus Früchten, Nüssen, Joghurt und Käse kennen die Leser der Pariser Zeitungen, noch ehe sie genau wissen, wofür dieser Mann konkret kämpft.

Sie verwirrt auch der äußere Widerspruch zwischen der finsteren Entschlossenheit und den grelltönenden Worten Khomeinis einerseits und der eher bukolischen Szenerie in der Pariser Vorstadt: Kann denn ein so erfahrener, weiser Mann, der stundenlang ohne eine Spur von Emotion spricht, ohne seine Gesichtszüge auch nur einmal zu verändern – kann dieser abgeklärte Priester Gottes zugleich für all das verantwortlich zeichnen, was seit Monaten die Schlagzeilen beherrscht? Wie sollen Europäer begreifen, daß ein Volk von über 30 Millionen Menschen, sichtlich im wirtschaftlichen Großaufschwung, plötzlich die Weichen seiner Geschichte so dramatisch umstellen möchte. Auf Tradition und Vergangenheit – auf Mittelalter, wie all jene gerne sagen, die den Schah zwar für einen Diktator, aber doch für einen aufgeklärten Technokraten gehalten haben. So ganz ist dieses Phänomen für Europäer auch dann noch nicht begreifbar, als Khomeini die Schlacht mit dem Schah längst triumphal beendet hat.
Westliche Journalisten vermissen schon in den ersten Interviews, die der alte Ruhollah Musawi Khomeini in Paris für westliche Zeitungen gibt, die vielgerühmte messianische Ausstrahlung dieses neuen Volkshelden aus dem Orient. Sie entdecken die Müdigkeit eines greisen Mannes und registrieren viel, ja zuviel Schablonenhaftes in seinen Kampfrufen, und sie bemerkten eine tiefe Abneigung Khomeinis gegen allzu kritische Fragen oder gar Widerspruch. Aber was er geißelt, das ist verständlich und real; die Korruption und die Landflucht, die Verschwendung, Entfremdung und Abhängigkeit von ausländischen Interessen. Im Grunde sind es seit über 15 Jahren immer dieselben Themen. Vielleicht ist es gerade diese ständige Wiederholung, die einen Teil seines Erfolges erklärt. Khomeini ist plötzlich von einer Anzahl Männern umgeben, die ganz genau wissen, wie diese Botschaft des alten Mannes auch im letzten Viertel des 20 Jahrhunderts zu verkaufen ist.

Da sind zuerst einmal sein eigener Sohn Ahmed Khomeini und sein Schwiegersohn Schahab Eschragi, die offenbar zum engsten politischen Beraterkreis gehören. Da ist auch das Mediengenie, Muhammed Beheshti. Er baut in Persien ein Propagandasystem auf, das der kaiserlichen Informations-Einbahn, von der Khomeini behauptete, sie gebe mehr als 100 Millionen Dollar pro Jahr zur Eroberung westlicher Gehirne aus, bald himmelhoch überlegen ist. Täglich halten Beheshtis Leute die Predigten und Interviews Khomeinis auf Tonbändern fest und schicken sie per Telefon in das heimliche Hauptquartier des islamischen Widerstands, in Persiens heilige Stadt Ghom. Von dort eilen die Worte über Telefonleitungen weiter in die 9000 Moscheen im ganzen Iran. Auch dort sind Tonbandgeräte angeschlossen und genügend jugendliche Freiwillige stehen bereit, um die Botschaft abzuschreiben, zu vervielfältigen und innerhalb weniger Stunden millionenfach unter das Volk zu bringen.
Diesem Informationsstrom, basierend auf der ganzen Breite der persischen Volksbewegung, sind die kaiserlichen Informationssysteme nicht mehr gewachsen. Auch deshalb nicht, weil die Zeitungen Teherans in der kurzen Liberalisierungsphase des Schah Anfang 1978 einen Hauch von Pressefreiheit gespürt haben und nicht nur unwillig sondern auch unfähig geworden sind, ihre mehr als 30 Jahre geübte Hofberichterstattung fortzusetzen. Khomeinis Nachrichtensystem ist so perfekt, daß die Regierungen von Sharif Emami und Shapur Baktiar sogar ihr zentrales Versprechen, dem Druck nach mehr Pressefreiheit nachzugeben, nicht einhalten können und Journalisten wieder in die Kerker schicken. Diese Verhaftungen machen mehr als alles andere die staatliche Ohnmacht gegenüber der Perfektion dieser ferngelenkten Revolution deutlich.
Und da ist der 74jährige Mullah Mahmud Taleghani, einst Universitätstheologe in Teheran, der jetzt im hohen Alter

noch ein Doktorrat in politischer Basisarbeit bestehen will. Der Geheimdienst SAVAK hat ihn in zehn langen Gefängnisjahren so zugerichtet, daß er nur noch humpeln kann. Er kommandiert – zeitweise auch von Paris aus – die täglichen Aufmärsche und Straßenkämpfe im Iran. Kämpfe sind es anfangs freilich nur nach dem Willen der Armee, denn Khomeini fordert seine Anhängerschaft immer wieder auf, gewaltlos zu demonstrieren. Als die Zahl der Toten und Verwundeten in den Straßen von Teheran immer größer wird, fühlt er sich allerdings eines Tages »mit dem Problem konfrontiert, daß man nicht unbegrenzt die nackte Brust vor die Gewehrläufe halten kann«. Daß es ausgerechnet der alte Taleghani ist, der über Wochen und Monate jede Demonstration und jeden Streik in ganz Persien organisiert, ist typisch für Khomeinis Gedankenwelt. Er hat sich für diese Arbeit bewußt keinen erfahrenen Untergrundpolitiker mit persischer Nahkampf-Praxis zugelegt, sondern einen Mullah. »Auch die Organisation unseres Kampfes darf keine bedenkliche Vergangenheit vorweisen«, erzählt er den Vertretern von »Amnesty International« in Paris, »sie soll die Identität der iranischen Gesellschaft und ihre Wünsche in materieller und immaterieller Dimension richtig kennen; sie soll Frömmigkeit und Gerechtigkeit in ihren Taten, Fähigkeit zur Führung und Organisation, Standhaftigkeit im Kampf für ihre Ideen und ihre Vorhaben zeigen.«
Unter den Dutzenden, später sind es Hunderte, die das Quartier Khomeinis in Neauphle-Le-Chateau in den Winterwochen 1978/79 fast ständig belagern, sind nicht nur Fanatiker. Auch skeptische, besorgte Perser verfolgen die Aktivitäten dieses inzwischen prominentesten Emigranten der Erde, und manche schütteln bisweilen ihr Haupt. Der alte Ayatollah verkenne bereits die Wirklichkeit eines Landes, das er solange nicht mit eigenen Augen gesehen habe, sagen sie. Er sei offenbar nicht mehr mit den wirklichen Problemen

Persiens vertraut und nicht mehr mit jenen Männern mit denen er sich auseinanderzusetzen hat. Und vor allem, Khomeini verdränge die ihm unverständliche wirtschaftliche Planung und nüchterne politische Organisation, ohne die aber ein in vielen Bereichen modern gewordenes Land nicht existieren könne. Ihnen ist die stereotype Antwort Khomeinis zu wenig, im rechten Augenblick werde Allah schon für Lösungen sorgen. Einige von denen, die bei naßkaltem Wetter an einem rauchenden Feuer vor der Zeltmoschee stehen, geben sich offen besorgt, der Greis sei schon zu stark vom Altersstarrsinn gezeichnet. Das Gefühl der Rache als beherrschendes Lebensprinzip sei zu wenig, um ein neues Regime aufzurichten. »Khomeini ist eine sehr bedeutende politische Kraft«, sagt einer von ihnen, »aber all seine Energien sind nur auf die Vernichtung seiner Gegner gerichtet. Khomeini ist eine Rakete. Auch ein Raketengeschoß hinterläßt nur ein Trümmerfeld. Es liegt in seiner Natur, daß er nur zerstören und nichts aufbauen kann.«
Diesem Eindruck widerspricht freilich die Schar der Begleiter, die sich in Paris um den Schiitenführer sammelt. Das sind nicht nur die Mullahs in Pantoffeln, die ihm solange die Treue gehalten haben, das ist auch ein früherer persischer Krebsforscher, der sein medizinisches Labor in Texas der islamischen Bewegung zuliebe verlassen hat; da ist ein Sprachwissenschaftler aus Washington mit Modeanzügen und eleganten Krawatten im Gefolge des Ayatollahs; da sind Wirtschaftswissenschaftler aus Paris. »Im Iran gibt es so viele kompetente Politiker«, erzählt Khomeini, bei Interviews immer in derselben Ecke eines leergeräumten Zimmers am Boden sitzend, »das Regime hat ihnen allen keine Gelegenheit gegeben, ihre Kompetenz und ihre Intelligenz für das Volk einzusetzen. Jetzt stehen sie mir mit Rat und Tat zur Verfügung. Durch ihre Erfahrung und durch ihr Wissen informieren sie mich über alle aktuellen Probleme.«

Und sie informieren offenbar nicht nur den Chef dieser Revolution. In Neauphle-le-Chateau holen sich in diesen Winterwochen auch die Fußtruppen Allahs in ganz Persien konkrete Anweisungen zur Lösung ihrer großen und kleinen Probleme. So erzählt etwa der oberste Mullah von Kawein in diesen Wochen einer Gruppe ausländischer Journalisten, daß auch er regelmäßig sein Ferngespräch mit Paris führt – so sei das angeblich im ganzen Land. Gibt es Probleme, dann greift man zum Telefon und fragt den alten Mann im französischen Exil oder einen seiner Begleiter. In Teheran stehen die kleinen Buben zu Hunderten an den Straßenecken und verkaufen Tonbandkasetten mit den neuesten Anweisungen des Ayatollah.
Die Regierung in Paris, anfangs über den Kampfgeist Khomeinis und seiner Mitstreiter besorgt, spielt schließlich eine waghalsige diplomatische Partie nach dem Motto: »Wenig diplomatische Rücksicht, dafür aber viel politische Voraussicht«. Französische Diplomaten versichern schon im Dezember 1978 unter der Hand, sie hätten den Schah bereits seit Monaten »abgeschrieben«. Der umstrittene Ex-Innenminister und Präsidentenberater Prinz Michel Poniatowski habe Persien im Herbst nicht weniger als fünfmal besucht, heißt es inoffiziell, und sei mit einem vernichtenden Urteil über die Überlebenschancen der Monarchie zurückgekehrt. Folglich hoffen die Franzosen auf politische und wirtschaftliche Zinsen ihrer neuen Parteinahme: Sollte Khomeini tatsächlich nach Teheran zurückkehren und die amerikanischen Berater aus dem Land werfen, dann müßte Frankreich eigentlich eine wirtschaftliche Rolle zufallen, die unter Umständen noch größer sein würde als jene ohnedies recht intensive Wirtschaftskooperation, die Paris mit dem Schah unterhält. Denn ohne ausländische Experten werde auch ein islamisches Persien nicht existieren können.
Vergessen scheinen die tausend Bücklinge der Franzosen vor

Thriumphale Rückkehr des Ayatollah in die heilige Stadt Ghom

1

3

4

5

e führten Persien durch
e Krise:
ie Ministerpräsidenten
chamschid Amouzegar (1),
arif Emami (2),
holam Reza Azhari (3),
apur Baktiar (4)
d Mehdi Bazargan (5)

Ayatollah Khomeini am 1. März 1979 vor seiner ersten Ansprache i[n] Ghom. Die Revolution in Allahs Namen hat gesiegt

dem persischen Kaiser zu sein. Präsident Giscard d'Estaing war dem Monarchen früher sogar zur artigen Verbeugung bis in dessen Schweizer Winterchalet Villa Suvretta in St. Moritz nachgereist. Jetzt darf Khomeini von französischem Boden aus auch zum Tyrannenmord aufrufen – und das zu einer Zeit, in der Amerika noch brav seine tägliche Reverenz vor dem persischen Kaiser macht. Aber die Franzosen sind ja bereits für seit langem für riskante politische Extratouren bekannt. Lange vor allen anderen westlichen Ländern hat man die Volksrepublik China diplomatisch anerkannt, auch beim ersten strahlenden Handschlag mit dem Palästinenser-Führer Arafat waren die Diplomaten am Quai d'Orsay allen anderen Europäern weit voraus.

Um der Form genüge zu tun, ersucht die Pariser Regierung Ruhollah Khomeini einmal, das Gastrecht nicht zu mißbrauchen. Aber der alte Fuchs weiß sehr genau, daß es – so wie in den ersten Jahren im Irak – nicht die Humanität ist, die ihm hier ein Quartier eingetragen hat, sondern eine Parallelität der Interessen. So kann er ungerührt drohen: »Sollten da irgendwelche Repressionen auf mich zukommen, werde ich nicht in Frankreich bleiben. Es gibt ja auch andere Plätze, auf die wir ausweichen können. Wie auch immer, das Ansehen Frankreichs würde in Mitleidenschaft gezogen.« So ist es also: Nicht die Regierung in Paris erweist jemandem eine Gnade, sondern der Mann aus Ghom, der sich hier niedergelassen hat. Die Franzosen haben ihm ein Touristenvisum gegeben, was Khomeini die Sache leichter macht. Wäre er als politisch Verfolgter aufgenommen worden, hätte er schweigen müssen.

Nur einmal verärgern Frankreichs Medien den Meister revolutionärer Regie, als sie die Nachricht von einer Hochzeit des Heiligen mit einer »bildhübschen 18jährigen Perserin« in die Welt hinausposaunen. Kalte Wut schlägt in dutzenden Anrufen all jenen Zeitungen in ganz Europa entgegen, die diese brisante Nachricht aus Paris nachdrucken. Sie steht übrigens ganz im Gegensatz zu dem, was Khomeini gerade in Paris predigt. Einer Gruppe von Frauenrechtlerinnen, die ihm in Paris skeptisch die Aufwartung macht, hat der bärtige alte Herr auf die Frage, ob er die Polygamie nach Persien zurückbringen will, nachdrücklich versichert: »Eine Frau ist genug.« Was die Hochzeits-Meldungen tatsächlich ausgelöst hat, ist europäischen Lesern schwer verständlich zu machen. Um die immer größer werdende Schar politischer Wallfahrer aus Persien verköstigen zu können, haben Khomeinis Begleiter eine junge, recht gläubige Köchin persischer Abstammung angeheuert. Schiitische Tradition aber muß ihren Fleiß lähmen, denn als Frau darf sie weder regelmäßig vor einem fremden Mann erscheinen, noch Hände und Haare entblößen. Das macht die Arbeit einer Köchin nicht gerade leichter. Der Ausweg der Schiiten für solche Schwierigkeiten heißt *Sigè* und ist formell eine Zeitehe. Sie wird etwa auch dann geschlossen, wenn Gläubige ihre weiblichen Anverwandten einem Reiseführer nach Mekka anvertrauen. Man macht »einander vertraut«; Unerlaubtes sollte freilich in einer solchen Verbindung nicht geschehen. Frau Khomeini aber bleibt – allen Zeitungsmeldungen zum Trotz – weiterhin jene Perserin, die seit fünf Jahrzehnten seine Ehefrau ist und die auch in Frankreich mit dabei ist, allerdings für all seine Besucher unsichtbar. Drei Monate Paris bleiben für den 76jährigen nur eine politische Verlockung.

Ein Kaiser nimmt Abschied

Farah auf Pilgerfahrt

Der Krieg der Lautsprecher

Karneval in Teheran

Von Khomeini nach Khomeini

Über Teheran ist der Winter eingebrochen und er wird bitterkalt. Schnee liegt auf den Panzern und frisch ausgehobenen Gräbern, Kälte frißt sich in die immer öfter ungeheizten Häuser. Die unter Ölmangel und Stromausfall leidende Bevölkerung braucht Kleidung, Brennmaterial und vielfach auch Lebensmittel. Bald schon sind sich der neue Volksheld Khomeini und die panisch gewordenen Amerikaner einig: Die Offiziere sind nicht fähig, diesen Staat zu regieren. Sie können – vielleicht – die Straßen der großen Städte mit einem immer höher werden Blutzoll unter ihre Gewalt bringen. Selbst das beschränkt sich mehr und mehr auf bestimmte Tage und auf bestimmte Gebiete im Land. Aber sie können die Menschen, die entschlossen sind, mit Dauerstreiks die Herrschaft der Pahlewi-Dynastie zu brechen, nicht mehr an ihre Arbeitsplätze zurückbringen. Mit Waffengewalt ist dieses Land sichtlich nicht lebensfähig zu erhalten. Immer deutlicher wird, daß trotz Militärregierung die Polizeigewalt und viele Bereiche des öffentlichen Dienstes von der staatlichen Autorität auf islamische Aktivisten übergehen. Ja es gibt immer wieder Tage an denen es die wesentlichste Aufgabe der alten Ordnungsmacht zu sein scheint, am Zerfall der Ordnung auch noch mitzuwirken. In Teheran sind die regierenden Generäle offenbar nicht in der Lage, sowohl die Arme-Einheiten als auch die lokale Polizei und die verunsicherten, gehetzten SAVAK-Agenten unter Kontrolle zu halten. Aus verschiedenen Städten werden auch Demonstrationen gegen Khomeini gemeldet, aber sehr oft gelingt es den Organisatoren des großen Aufstandes, hinter dieser Gegengewalt bezahlte Rowdies schahtreuer Lokalgrößen aufzuspüren.
Für die streikende Wirtschaft springen spontan Nachbarschaftshilfen und islamische Kooperativen ein. Kleider werden um Bruchteile des gewohnten Preises produziert und auf den Markt geworfen, Grundnahrungsmittel billig – und für die Allerärmsten auch gratis – an »fliegende Buden« abgege-

ben. Nur, bisweilen kommt die Polizei oder Armee bei Nacht, um die Warenstände zu plündern, abzubrechen oder anzuzünden. Kaufleute überbieten sich, um ihr soziales Gewissen zu beweisen. »Wenn uns die Regierung früher gesagt hat, wir sollen für eine Schachtel Süßigkeiten zehn Tuman verlangen, haben wir zwölf verlangt. Heute sagt uns Khomeini, wir sollen zehn verlangen und wir geben es um neun her«, hören westliche Journalisten Tag für Tag. Es ist ein Geist, der alle erfaßt hat, aber von dem letztlich jeder weiß, daß er nur in dieser großen Stunde der Herausforderung wirksam bleiben wird. In den überfüllten Krankhäusern stehen die Ärzte – lange Zeit als privilegierte Schicht angesehen – im Dauereinsatz zum Nulltarif. Vor den Spitälern hat sich ein beispielloses Sozialsystem etabliert: Aus den Stockwerken brüllen die Ärzte, welche Medikamente für die neueingelieferten Verwundeten der pausenlosen Straßenschlachten benötigt werden. Unten, auf der Straße, stehen indessen die Freiwilligen, vorwiegend Studenten, mit Schachteln, Büchsen oder Hüten, stürmen durch die Gassen, um Geld zu sammeln und laufen dann in die nächste Apotheke. Für Ärzte-Autos wird auch Benzin gespendet. Sogar die Straßen werden von Freiwilligen gesäubert, oft ein furchtbares Geschäft nach den blutigen Aufmärschen und Schlachten.

Gleichzeitig hat eine Welle der Brutalität die Bevölkerung erfaßt. Sie zeigt sich in der Selbstverständlichkeit mit der man die schrecklichsten Fotos Schwer-Verwundeter und Toter ausstellt und herumzeigt, sie zeigt sich aber auch in der zunehmenden Neigung der fanatisierten Menschen, die Justiz in die eigenen Hände zu nehmen. Von Paris aus schickt Ruhollah Khomeini immer wieder seine Mahnungen, die »Revolution des Volkes« nicht in eine totale Anarchie ausufern zu lassen. Aber schon sind Schah-Anhänger blutigen Abrechnungen ausgesetzt, schon versucht sich auch Lynchjustiz gegen überführte Kriminelle breitzumachen. In Teheran wird

General Latifi am Esfand-Platz in seinem Auto erkannt, aufgehalten, aus dem Wagen gezerrt und von der Masse gelyncht. Verzweifelt wirft sich ein Mullah über den schrecklich zugerichteten Mann, um ihn zu schützen, aber es ist schon zu spät. Dieser offenen Gewalt in den Straßen bringen auch jene bereitwillig ein Bekenntnisopfer, die nicht zu den Anhängern Khomeinis und der ersehten »islamischen Republik« gehören. Auf einer der breiten Paradestraßen der Hauptstadt wird eines Nachmittags ein Mercedes von der Menge aufgehalten. Man vermutete Privilegierte im Auto. Die drei Insassen springen aus dem Wagen und brüllen mit erhobenen Händen »Lang lebe Khomeini« und »Tod dem Schah«. Man läßt sie weiterfahren, dann erst wird der Schrei eines Passanten gehört, der ganz genau weiß, daß die drei Männer im Auto hohe SAVAK-Agenten waren.
Unter dem Schock der furchtbaren Zusammenstöße auf offener Straße wird die vorsichtige Absetzbewegung von Zehntausenden Amerikanern und Europäern ab Mitte Dezember zur ungeordneten Massenflucht. Ausländische Industriekonzerne stoppen langsam ihre Produktion, vor den Botschaftsgebäuden, vor westlichen Firmenvertretungen und Ausländerhotels liegen Ziegelsteine zum Vermauern der Tore bereit. Europäerinnen verstecken die Gesichter, wenn sie schon unbedingt auf die Straße müssen, hinter dem *Tschador,* dem schwarzen Schleier. Der ist indessen zu einem Symbol der islamischen Revolution geworden. Und selbst Kaiserin Farah, viele Jahre lang das oberste Sinnbild einer Frauenemanzipation in Persien nach westlichem Vorbild, tritt noch rasch tief verschleiert eine Pilgerfahrt in die heilige Stadt Nadschef im Irak an, besucht in Begleitung von Vizepräsident Saddam Hussein jene Stätten, in denen bis vor wenigen Wochen der Ayatollah Khomeini seine schahfeindlichen Aufrufe verbreitet hat. Die Kaiserin versichert noch zum Jahreswechsel: »Ich werde mein Schicksal bis zum Ende durchstehen.«

Sie fügt düster hinzu, »wenn es sein muß, sterbe ich lieber an Ort und Stelle«. Und auch der Schah beugt sich tiefer denn je vor den Mullahs: »In Wort und Tat habe ich für meine Religion gearbeitet. Ich habe es in meinen Büchern geschrieben, ich habe die heiligen Städten restauriert und ich habe meine Pilgerfahrten gemacht.« Den alten Khomeini und seine Volksmassen aber beeindruckt das sichtlich wenig. Er sieht in diesen Demutsgesten vor allem, daß dieser Kaiser schon beinahe politisch nackt vor seinem Volk steht. Ratlos, unentschlossen, sitzt der Monarch im Niavaran-Palast und bittet in einem unablässigen Strom alle politischen Figuren des Landes, ihm zu erklären, was in diesem Land und mit seinem Volk eigentlich passiert ist. Einer, der dabei ist, erzählt später kopfschüttelnd: »Es war sehr emotionell. Der Schah scheint überhaupt nicht zu verstehen, warum sich die Menschen gegen ihn gewandt haben.« Seine Gefühle schwanken zwischen Bitternis und der düsteren Warnung, daß unter den Khomeini-Bildern eigentlich Karl Marx persönlich schreite.

Seine letzte wirkliche Stütze ist die Armee, aber auch bei ihr sind beunruhigende Entwicklungen nicht zu übersehen. Die dauernden Appelle Khomeinis an die Soldaten, nicht mehr die eigenen Brüder totzuschießen, zeigen Wirkung. Tag für Tag sind große Militärkonvois unterwegs, um die Truppen neu zu verlegen. Die Soldaten sollen möglichst weit entfernt von den Städten und Dörfern ihrer Familien und Freunde zum Einsatz kommen. Es ist dies ein todsicheres Signal dafür, daß sich bei den Rekruten eine moralische Sperre aufzubauen beginnt. Im Volk werden indessen immer neue Geschichten und Legenden über die Soldaten erzählt. Da haben angeblich verzweifelte junge Männer in Uniform den Feuerbefehl mißachtet, haben ihre Waffe nicht auf die islamischen Brüder und Schwestern gerichtet, sondern auf den eigenen Befehlshaber. In Teheran werden Soldaten mit Blumen beworfen – in dem verzweifelten Bemühen, sie zu gewinnen.

Der oberste Kriegsrechtskommandant der Hauptstadt hat schon einmal die Emotionen mit Waffengewalt niedergehalten, die der Ayatollah Khomeini aufgestachelt hat. General Oveissi war auch im Jahr 1963 Chef der Militäraktion während der religiösen Unruhen gewesen. Damals gelang es ihm, die Ruhe wiederherzustellen, jetzt hat er einen ganz anderen Gegner vor sich. Es sind fanatische und doch überraschend gut organisierte Massen. Die Leidenschaft, mit der sie vor der Armee die Hemden aufreißen und sich mit religiösen Slogans direkt in das Feuer der Maschinengewehre stürzen, erinnert manche an ein anderes blutiges Ereignis wenige Monate zuvor, an den Massenfreitod der Volkstempelsekte im fernen Guyana. Bisweilen machen die Revolutionäre ihre bis zu den Zähnen bewaffneten Gegner auch lächerlich. Während die Panzer und Maschinenpistolen in die Menge feuern, lassen Khomeinis Leute Tonbänder mitlaufen und halten den Kriegslärm fest. Abends, mitten in einer Phase der Ruhe, knattert und knallt es dann plötzlich aus den Lautsprechern, die zu Tode erschrockenen Soldaten weichen entsetzt zurück und die Menge badet sich in Schadenfreude.

Es sind freilich kurze Momente der Erleichterung in einem Drama, das von seinen Urhebern größte Opfer verlangt. Kaum eine Fabrik im Lande arbeitet noch. Nahrungsmittel wie Kartoffel oder Milch erhält man nur mit Glück. Soldaten mit Bajonetten bewachen die Benzinausgabe, Strom wird stundenweise abgeschaltet, durch die Erdgasleitungen wir nur noch Luft gepumpt. Jede Million Barrel Öl, die jetzt weniger gepumpt wird, bringt dem Land pro Tag 12,5 Millionen Dollar weniger an Devisen. Die Tagesproduktion, gewöhnlich sechs Millionen Barrel, ist auf weit unter eine Million gesunken. Dem zweitgrößten Erdölproduzenten der Erde ist plötzlich selbst nicht nur das Benzin sondern auch das Heizöl ausgegangen. Die Nachricht, die jetzt über die Fernschreiber in alle Welt tickt, löst seltsame Gefühle aus: Das große Ame-

rika mit seinem fast unstillbaren Ölbedarf hat dem Ölgiganten Persien ein paar Lieferungen Erdöl versprochen. Supertanker, unterwegs auf den Meeren, erhalten Auftrag zur Rückkehr in den Golf. In die so unerschöpflich scheinende Zapfstelle muß plötzlich Öl hineingepumpt werden.
Männer der Opposition, berühmte Namen, fliegen indessen zum alten Ayatollah Khomeini nach Paris und versuchen ihn vorsichtig auf Versöhnungskurs zu bringen. Zuerst der spitzbärtige Mehdi Bazargan, ein Politiker, den die Perser gerne als wahren Erben Mossadeghs bezeichnen. Dann Karim Sandschabi, Führer der »Nationalen Front«. Beide plädieren für einen schrittweisen Übergang zu einem freiheitlichen Regime unter Beibehaltung des Schah als repräsentativen aber politisch machtlosen Monarchen. Mohammed Reza Pahlewi soll regieren, aber nicht herrschen, meinen sie. Es sind Männer, die nicht im Geruch stehen, dem Kaiser einen Dienst erweisen zu wollen, ihre Haltung ist von der Angst vor der Armee diktiert. Nicht gegen die Armee könne dieses Land politisch umgepolt werden, sondern nur mit Billigung oder wenigstens unter Duldung der Streitkräfte. Aber Khomeini, der ewig Unbeugsame, denkt gar nicht daran, nach Jahrzehnten des Kampfs jetzt – schon im Angesicht des Sieges – aufzugeben und eine neue Taktik einzuschlagen. Er bleibt stur und schafft mit dieser Hartnäckigkeit das Unglaubliche. Immer näher rücken alle, die sich in Persien gegen den Schah verschworen haben, zu seiner Position. Als Sandschabi das kleine Neauphle-le-Chateau verläßt, ist er nicht mehr der vom Schah im Stillen erhoffte Kompromißkandidat einer neuen Zivilregierung der nationalen Versöhnung, sondern selbst ein Unbeugsamer: »Der Schah muß weg.« Aus der Riege der Monarchie-Gegner kann es sich keiner mehr leisten, einen Kurs gegen Khomeini zu steuern, weil der Schiitenführer für die Massen das alleinige Symbol dieses Aufstandes geworden ist.

Ab Anfang Januar 1979 beginnt der amerikanische Botschafter in Teheran, William Sullivan, ernsthaft damit, dem Schah zuzusetzen. Jetzt sei, so sagt er, ein dringender Erholungsurlaub nicht mehr länger zu verschieben. Denn alles, was das Kaiserhaus in den vergangenen Wochen politisch versucht hat – immer nur reagierend statt agierend – ist letztlich gescheitert. Zuerst die Liberalisierungsversprechungen, dann der angebotene Rückzug in eine aufgeklärte Monarchie, dann die stille Spekulation mit der Übertragung der Macht an den Kaisersohn Reza Kyros, für den vorerst freilich ein Regentschaftsrat amtieren müßte. Durch einen blitzartigen Machtwechsel vom Vater zum Sohn hatte die Monarchie ja schon 38 Jahre vorher mit knapper Not überlebt. Jetzt wischt Khomeini solche Vorschläge ungehalten vom Tisch. Als die Amerikaner den Kaiser im Januar konkret bitten, das Land zu verlassen, gibt er auf, resignierend und verständnislos: »Wenn es den USA wirklich egal ist, ob Persien zuerst eine islamische Republik und dann ein marxistischer Staat wird, warum soll ich dann dieses Land noch in einen Bürgerkrieg stürzen? Wofür?«

Die Amerikaner haben zu diesem Zeitpunkt eine Rangliste möglicher politischer Entwicklungen in Teheran erstellt und sie nach den Interessen der USA gereiht. Da die Beibehaltung einer zumindest konstitutionellen Monarchie oder die Übergabe der Macht an den Kronprinzen nicht zu verwirklichen sind, bleiben drei Varianten: die Republik unter Führung gemäßigter Oppositioneller, die islamische Republik im Zeichen Khomeinis und, am wenigsten erwünscht, eine Militärherrschaft. Sie könnte, wie man in Washington fürchtet, leicht in das politische Fahrwasser linker Offiziere geraten oder zu einer Kopie Libyens werden. So muß der Schah jetzt, ehe er das Land verlassen kann, eine Zivilregierung zustande bringen, die von den Militärs geduldet und von möglichst großen Teilen der Bevölkerung gewollt ist. Für diese Rolle

gibt es eigentlich nur einen: Shapur Baktiar. Er hat eine lange und fleckenlose Geschichte im Kampf gegen den Kaiser hinter sich, aber er unterscheidet sich von Khomeini und seinen Gefolgsleuten in einer zentralen Frage: für ihn gehören Staat und Religion getrennt. Baktiar übernimmt sein Amt unter der Bedingung, der Kaiser müsse das Land rasch verlassen und er fordert den Rückzug der Generäle in die Kasernen. Am Ende wird er für diese Rolle keinen Lohn ernten. Der Tag seines Amtsantritts aber wird für das persische Volk zu einem Jubeltag – freilich nicht seinetwegen.
Es ist der 11. Januar, der Morgen ist kühl und der Himmel bedeckt, aber am frühen Nachmittag bricht ein strahlendes Blau über den Hängen des Elburs-Gebirges durch. In Teheran marschieren wieder Zehntausende, als eine blauweiße Boeing-727 langsam eine Runde über die Vier-Millionen-Stadt dreht und dann nach Westen entschwindet. Im Cockpit sitzt Schah Mohammed Reza Pahlewi, 37 Jahre lang Kaiser über das persische Volk. Ein langer, letzter Blick gilt »seiner Stadt«, dem Zentrum einer so lange unumschränkten Herrschaft. Hier lebte er jahrzehntelang in der Illusion, daß er der geliebte Monarch von 34 Millionen Menschen sei. Und er nährte in sich die Hoffnung, daß am Ende seiner Regentschaft dieses Volk dem Fortschritt, wie er ihn versteht, ein gutes Stück näher gekommen sei. In Wahrheit verläßt er sein Land jetzt unter totaler Geheimhaltung, schlüpft mit allerlei Tricks verschwiegen aus dem eigenen Reich, gehaßt von Millionen. Sie jubeln in diesen Stunden einem anderen zu, für den es freilich keine Garantie gibt, ob nicht auch ihm einmal ein anderes Schicksal droht.
Allein die äußeren Umstände dieser Abreise widerlegen das offizielle Kaiserwort, er trete nur einen längeren Erholungsurlaub an. Die Kulisse am Flughafen läßt auf ein viel bedeutsameres Abschiednehmen schließen. Nur ein paar Freunde und eine kleine Gruppe ausgewählter Reporter ist dabei, als

Premier Baktiar dem Schah auf dem Flugfeld mitteilt, das Parlament habe seiner Regierung soeben das Vertrauen ausgesprochen. Die Reise des Kaisers bedeutet also keinen verfassungs- und regierungslosen Zustand im Land. Flinke Journalistenhände, die jahrelang darauf trainiert wurden, jedes kaiserliche Wort aufzuschreiben und unkommentiert zu veröffentlichen, notieren jetzt die letzten Worte: »Wie ich gesagt habe – ich mache Urlaub. Ich bin so müde.« Die Kraft reicht noch, um einen Soldaten unwillig auf die Füße zu stellen, der rasch des Kaisers Schuhe küssen will. Aber die Tränen kommen bereits unkontrolliert, als Mohammed Reza seine Ehefrau unter den Arm nimmt und sie die Gangway hinauf in die Sondermaschine führt. Die Kaiserin scheint gefaßt zu sein, steht aber sichtlich unter der Wirkung beruhigender Medikamente. Zwei Wochen lang hat sie die schönsten Kostbarkeiten aus den Palästen für das kleine Handgepäck zusammengestellt.

Schon in den ersten Minuten dieses Fluges zeigt sich, daß die Freunde in schlechten Zeiten rar sind. Der Jordanier-König Hussein, der seinen Salon im Haschamiye-Palast bei Amman mit fröhlichen Fotos der beiden Königsfamilie ausgeschmückt hat, gibt dem Schah einen Korb – es könnte innenpolitische Probleme geben, meint er. Und auch die Saudis lehnen diskret ab. Nur Anwar Sadat, der mit persischen Milliarden seine zerschossenen Suezkanal-Städte wiederaufgebaut hat, läßt sich nicht lumpen. 21 Schüsse donnern über das Flugfeld von Assuan, als das heimatlose Kaiserpaar erstmals seit dem Alptraum von Teheran die Maschine verläßt. Sadat schleppt sogar eine Tischgesellschaft mit Sonderflugzeugen aus Kairo zum großen Diner in die oberägyptische Nilstadt und gibt sich warmherzig, politisch bleibt freilich auch er unverbindlich.

In Teheran dauert es noch 30 Minuten, bis die Nachricht über den Rundfunksender läuft. Sie löst eine Orgie der Begeiste-

rung, einen politischen Karneval im ganzen Land aus. Menschen singen und tanzen, stecken Blumen in die Gewehrläufe der Soldaten und von den Denkmälern der Monarchie rollen die ersten Schahköpfe. Eine fanatische Menge schneidet die Schah-Bilder aus den Banknoten und beginnt die neue Zeitrechnung auch mit einer neuen Geografie. Straßen, Plätze, Dörfer und Städte, die bisher den Namen des Kaisers oder seiner Dynastie trugen – alles heißt jetzt »Khomeini«. Man kann an diesem Tag in Teheran spielend von Khomeini über Khomeini nach Khomeini fahren. Eine Welle der Säuberungen läuft schon in diesen Stunden an, sie vertreibt zu allererst die Schah-treuen Botschafter in den Hauptstädten der Welt aus ihren Büros.
In Neauphle-le-Chateau ist es 10 Uhr vormittag (zweieinhalb Stunden Zeitverschiebung zu Teheran), als die Nachricht von Khomeinis Begleitung am persischen Kurzwellensender abgehört wird. Zwei Tage zuvor hat der Ayatollah noch gegen eine mögliche Ausreise des Schah protestiert: »Er muß für all seine Verbrechen vor ein persisches Gericht«, sagte er in einem Interview. Jetzt aber lachen und jubeln auch hier die sonst so ernsten Mullahs. Doch ihr Chef und Held bleibt selbst in diesem Augenblick, als ihm die Botschaft vom Abflug des Kaisers überbracht wird, völlig emotionslos. Er sagt nur ein paar Sätze. Der erste gehört der Religion: »Allah ist groß.« Der zweite der Politik: »Das ist erst das Vorspiel zu unserem Sieg.« Und schließlich fügt er noch hinzu: »Mit Gottes Hilfe werde ich bald bei euch in Persien – und euer Diener sein.«

Kap. 12
Die Heimkehr

Die Heimkehr

Der Schlaf des Gerechten

Zwei Premiers – zwei Freunde

Waffen statt Orangen

Wenn »Unsterbliche« weinen

Es wird noch 16 Tage dauern, bis Khomeinis »Revolutionsflug Nummer eins« Wirklichkeit wird. 16 Tage, in denen keiner weiß, wie eine Feuertaufe der erhofften »islamischen Republik« verhindert werden kann. In Teheran hält eine Armee die Wacht, die jeden Morgen standhaft ihr »Lang lebe der Schah« brüllt. Und der von Mohammed Reza Pahlewi eingesetzte Ministerpräsident Shapur Baktiar, eingeschworen auf Verfassungstreue, aber gleichzeitig getrieben zu demokratischer Veränderung, ist eisern entschlossen, sich durchzusetzen. »Ein Premier resigniert nicht vor einem Kardinal«, sagt er. Und: »Wollt ihr den Despotismus der Vergangenheit mit einer neuen Tyrannei tauschen?« Verzweifelt kämpft Baktiar, Wirtschaft und Bürokratie wieder in Schwung zu bringen. Aber es ist ein Phantomkampf. Tag für Tag hört er, wie ganze Ministerien zu Khomeini überlaufen. Als er vor Fernsehkameras versichert, er könne auch ohne ein Außenministerium weiterregieren, ist Baktiar nur noch eine tragische Gestalt.
In Neauphle-le-Chateau bei Paris stauen sich indessen an der Rue de Chevreuse die dunklen Limousinen. Die Szene erinnert an das berühmte Relief in den Ruinen von Persepolis, auf dem die Abgesandten der alten Welt in langer Prozession zum Gottkönig über Persien ziehen. Jetzt, 2500 Jahre später, warten Politiker aus dem Iran, Geschäftsleute aus Europa, Diplomaten aus Amerika und Journalisten aus allen Ecken der Erde auf eine Audienz beim künftigen Herren über das Ölparadies. Khomeini ist nicht allen gnädig. Geschäftsleute stehen manchmal nach drei Minuten wieder auf der Straße, Reporter werden nach der vierten Frage verabschiedet. Politiker aus dem Iran haben nur dann eine Chance, wenn sie vorher ihren Rücktritt von allen Posten verkündet haben, die ihnen der Schah je übertragen hat. Dafür wird bei Tag und Nacht aufgekocht, Linsen mit Reis und Zucker kann jeder haben, der bei Khomeini vorbeikommt.
Hinter dieser Hektik verbirgt sich die größte Herausforde-

rung, die der Ayatollah in fast 77 Jahren seines Lebens zu bestehen hatte. Den großen Sieg schon in Griffnähe, so wird dieser Mann aus Granit, der zum Kompromiß unfähig scheint, jetzt plötzlich doch noch mit Taktik konfrontiert. Wie kann er nach der Flucht des Schah den revolutionären Geist in Persien wachhalten, ohne die Armee in einen blutigen Endkampf zu treiben? Wie kann er Baktiar verjagen, ohne den Bürgerkrieg zu provozieren? Khomeini sieht das Dilemma von Stunde zu Stunde näher rücken: Verschiebt er seine Heimkehr zu lange, dann verebbt in Teheran die Woge der ersten Begeisterung; dann droht ein Kampf zwischen den orthodoxen Schiiten und den bisher zurückhaltenden Marxisten um die politische Beute. Fliegt er aber so rasch als möglich zurück, dann unterläuft er am Ende selbst einen bedeutsamen Wandel in den Kasernen des Landes, auf den er alle Hoffnung setzt. Immer mehr Soldaten, vor allem in der Luftwaffe, gehen schon zur islamischen Bewegung über. Sie tun es unter dem Druck der Schreckensszenen in den Straßen und im permanenten psychologischen Krieg, den der Klerus führt. »Die Armee muß sich entscheiden«, hämmern die Mullahs Tag für Tag, »ein Weg führt zu Gott, zum Islam und zu Irans Unabhängigkeit, der andere zurück in die Tyrannei und in das Blutvergießen.« Solche Worte lassen die Männer in den Militärlagern schwanken, spalten sie zwischen Herz und Hirn, zwischen politischer Logik und alter Loyalität. Aus allen Teilen des Landes dringen Spekulationen bis nach Teheran, die Generäle hätten bereits mit Exekutionen fahnenflüchtiger Soldaten begonnen.

Aus seinem Exil peitscht Khomeini die Menschenmassen in immer neue Aufmärsche. Das große Kampfziel von einst, der Schah, ist schon beinahe vergessen, die Menge braucht neue, aktuelle Feindbilder. So wird Shapur Baktiar zum politischen Schreckgespenst, zu einer Maske, hinter der sich in Wahrheit die ungebrochene Allmacht des Kaisers verstecke. Tatsäch-

lich ist der Ministerpräsident in eine unerträgliche Situation geraten. Das Öl im Land fließt nur, wenn Khomeini es will. Die Züge verkehren, wenn Khomeini es befiehlt. Die Geschäfte öffnen, wenn Khomeini es wünscht. Im Parlament hat der integre Anwalt Baktiar erst vor wenigen Wochen eine Riesenmehrheit hinter sich gewußt, jetzt nehmen täglich neue Abgeordnete den Hut und verbeugen sich demütig in Richtung Paris. Die stillen Vermittler, die der Regierungschef in das Hauptquartier des allgegenwärtigen Ayatollahs nach Frankreich schickt, kehren nicht mehr zurück; vor den Toren der Villa Khomeinis brechen sie alle Brücken mit der Regierung zu Hause ab.
Als der Januar zu Ende geht, erlebt Teheran noch einmal Horrorszenen in den Straßen und in den Krankenhäusern. Mit Gewalt will die Armee die Autorität Baktiars stützen, doch sie versetzt ihm damit den Todesstoß. Als Khomeini seine bevorstehende Heimkehr ankündigt, kann der Ministerpräsident in Teheran mit täglich neuen Tricks nur noch auf Zeitgewinn spielen. Persiens Flughäfen werden geschlossen – es heißt »wegen schlechten Wetters und aus technischen Gründen«. Soldaten bauen die Starter aus der bereitstehenden Sondermaschine aus, die den Volksliebling in die Heimat zurückbringen soll. Baktiar weiß längst, daß ihm die Herrschaft über das Land entglitten ist, er sucht die triumphale Rückkehr Khomeinis aus Angst vor dem drohenden Massaker zwischen Volk und Armee hinauszuzögern. Er will selbst nach Paris fliegen, um mit Khomeini eine langsame Übergabe der Macht zu vereinbaren. Aber der alte Mann mag ihn nicht empfangen: »Ein Treffen ist erst nach dem Rücktritt möglich«, sagt der Ayatollah kurz und kaltschnäuzig. Unter den Persern macht bereits ein Scherz die Runde: »Auch Allah möchte Khomeini sehen.« In Ordnung, sagt der Schiitenführer, »aber erst nach seiner Resignation«.
Als am 31. Januar 1979 in Neauphle-le-Chateau endgültig die

Koffer gepackt werden, fährt in Teheran die Elite-Truppe der persischen Armee mit einer Auswahl ihrer todbringenden Waffen demonstrativ durch das Zentrum. »Lang lebe der Schah«, brüllen die Männer der Kaiserlichen Garde drohend, aber die Bevölkerung hinter Türen und Fenstern bricht plötzlich in Jubel aus: Mitten in der waffenstarrenden Prozession stehen Soldaten auf ihren Lastwägen, winken mit Blumen, ja strecken Khomeini-Bilder triumphierend in die Höhe. So tief also ist der Spaltpilz bereits in den Kasernen vorgedrungen. Die Menschen sind von einer seltsamen Mischung aus Vorfreude, Angst und Unsicherheit erfüllt. Keiner weiß, wie es weitergehen wird. Und die Sorge um die Ereignisse der nächsten Tage wird nur durch fiebrige Aktivität überdeckt. 50000 junge Männer erhalten ihre weiße Armschleife als Soldaten Khomeinis, sie sollen 24 Stunden später das befürchtete Chaos der Begeisterung abwenden. Schwere wertvolle Perserteppiche werden in die *Madreseh Alawi* gebracht, eine islamische Mädchenschule nur ein paar Hundert Meter vom Parlament entfernt, an der Grenze zwischen dem wohlhabenden Norden der Metropole und den notleidenden Slums im Süden. Hier wird der heilige Mann sein Hauptquartier aufschlagen. Aus den Restaurants der Stadt, soweit sie überhaupt geöffnet sind, verschwindet der Alkohol.

An der Rue de Chevreuse werden unterdessen im Schatten der starr gefrorenen Apfelbäume die Tickets an 150 Journalisten verteilt, die beim großen Flug dabei sein sollen. 345 Mark kassieren die Mullahs cash. Doch der Emigrant Ruhollah Musawi Khomeini muß selbst in diesen letzten Stunden hektischer Vorbereitung im Zweifel bleiben, ob der Augenblick der langersehnten Heimkehr auch wirklich nahe ist. Eine »Kommando-Organisation der Kämpfer für die Konstitution« hat in London angekündigt, das Sonderflugzeug abzuschießen. Der Ayatollah läßt deshalb keine persischen Frauen und Kinder an Bord, auch viele enge Begleiter der letzten

Wochen und Monate müssen mit einer späteren Maschine nachfliegen. »Es ist nicht wichtig, ob ihr mit an Bord seid«, tröstet sie Khomeini, »wichtig ist allein, daß ihr mir im Kampf treu bleibt.«

Auf dem total abgeriegelten Flughafen der französischen Hauptstadt steht Claude Chayet vom Pariser Außenministerium, um den unergründlichen Gottesmann zu verabschieden. Er ist als Unterhändler mit der algerisch-unterstützten »Polisario« im Westsahara-Konflikt bekanntgeworden. Er gilt als nüchtern kalkulierender Diplomat. Eine Woche vorher sagte er Journalisten vertraulich, in spätestens acht bis 15 Tagen sei der Heimkehrer Khomeini im Besitz der Macht über Persien. Jetzt auf dem Flughafen ist seine Überzeugung noch größer: »Ich verdopple meinen Einsatz.« Der weiße Jumbo-Jet, der um 1.15 Uhr französischen Boden verläßt, steht auf keiner der großen Ankündigungstafeln in den Wartehallen des Flughafens. Es ist tatsächlich ein kurioser Charter-Flug: Die Bar im ersten Stock der Maschine ist ausgeräumt, die Stewardessen bedauern, wenn sie um Zigaretten oder Alkohol gebeten werden. Und das Erste-Klasse-Abteil dürfen sie nicht betreten. Dort sitzt der greise Mann, in seinen schwarzen Umhang gehüllt, schweigend am Fenster und blickt in die Nacht hinaus. In den nächsten Stunden wird sein Verhalten für alle, die ihn begleiten, zum letzten Beweis für die totale Rätselhaftigkeit dieser undurchschaubaren Persönlichkeit. Vor ihm liegt die Krönung eines 77jährigen Lebens. Es ist der Triumph nach Jahrzehnten des Kampfes, der Demütigungen und des Exils. Ganz nahe ist jetzt die Erfüllung aller Hoffnungen, der Schah ist gestürzt und die erträumte »islamische Republik« in Sicht. Aber Khomeini erhebt sich, kaum daß die Maschine ihre Flughöhe erreicht hat. Langsam schreitet er die Wendeltreppe zum Oberdeck des Jumbos hinauf, kniet sich nieder und betet. Dann läßt er sich zwei Decken bringen, legt sich auf den Boden des Flugzeuges und schläft. »Völlig ruhig und tief«, wie die erstaunte Besatzung später erzählt, die auf dem Weg in die Pilotenkanzel an ihm vorbei muß.

Als endlich die schneebedeckte Gipfelkette des Elburs-Gebirges unter der Maschine auftaucht, dringt ein amerikanischer Reporter bis zu Khomeini vor. Im Angesicht jener Stadt, die dem alten Mann jetzt buchstäblich zu Füßen liegt, findet Khomeini eine ganz kurze Antwort auf die Frage, welche Gefühle ihn in diesem Augenblick bewegen: »Keine«, sagt er im Anflug auf Teheran.

Plötzlich scheint es, als würden die Sorgen doch noch wahr werden, die Frankreichs »Air France« bei der Vorbereitung des Fluges hatte. Aus Angst vor einem letzten Widerstand der Armee, vor einem blockierten Rollfeld, durfte der Riesenvogel nur halb besetzt werden. Der Treibstoff sollte genügen, um die Strecke Paris–Teheran notfalls im Direktflug auch wieder retour zu bewältigen. Einmal dreht der Jumbo jetzt eine weite Schleife über der Stadt und das karge Land im Süden, denn die Landeerlaubnis fehlt noch immer. Dann ist sie da, der Pilot steuert das Rollfeld an – hundert Meter über dem Boden muß er die schwere Maschine noch einmal jäh nach oben ziehen. Denn auf einem zweiten Rollfeld hat sich in diesen Sekunden eine Militärmaschine in Bewegung gesetzt, jetzt wäre die Landung zu gefährlich. Niemand weiß, wieviele Millionen Menschen in diesen Minuten zum Himmel schauen.

Um 8.30 Uhr Ortszeit hat der persische Rundfunk ein erstes Mal gemeldet, die Maschine sei im Luftraum über der Hauptstadt gesichtet worden. Um 9.39 Uhr betritt der alte Mann nach fast 15 Jahren des Exils tatsächlich iranischen Boden. Die Menschenmassen sind weit vom Flughafenareal zurückgedrängt, »nur« 1200 Politiker, Mullahs und Journalisten drängen sich als Empfangskomitee. Was Khomeini ihnen in diesen ersten Minuten seiner Heimkehr zu sagen hat, wissen die hier Versammelten schon längst. Es sind kurze, ausdruckslose Sätze, mit immer den gleichen Phrasen gegen den Schah und die ausländische Herrschaft über das Land. Leise und emotionslos spricht er, doch seine Worte sind im Grunde unerheblich. Wichtig ist allein seine Anwesenheit. *»Aga umat«*, der Meister ist gekommen.

Millionen Perser, die diesen Empfang am Flughafen nicht direkt miterleben können, packt indessen in den Städten und Dörfern des Landes die Wut. Die Fernsehtechniker hatten eigens den Streik unterbrochen, um das ganze Volk über TV an diesen Stunden der nationalen Freude teilnehmen zu lassen. Und eben war der weißbärtige Mann noch auf dem Bildschirm, schritt die Treppe der Maschine herab, gestützt auf einen französischen Steward. Dann aber ist die Übertragung unterbrochen, das Bild verschwindet und die Perser sehen auf den Fernsehschirmen einen milde lächelnden Schah, aus den Lautsprechern erklingt die kaiserliche Hymne. In der TV-Zentrale ist in diesen Minuten die Armee einmarschiert, sie fühlt sich übertölpelt. Khomeinis Elektroniker hatten an diesem Morgen das Programm nicht, wie gewohnt, mit der Kaiserhymne, sondern mit einem patriotischen Volkslied begonnen. Für die Offiziere ist damit jene Toleranz überschritten, die sie heute zugestehen wollen. Es gibt viele Städte in Persien, in denen erboste Bewohner ihr TV-Gerät durch das offene Fenster auf die Straße werfen.

Entlang der 30 Kilometer vom Flughafen bis zum Friedhof *Behest-e-Zahara* aber ist der Zorn vergangener Massendemonstrationen vorbei, sind die Bitterkeit und Verzweiflung religiöser Trauermärsche verflogen. Hier badet sich eine Millionenschar in ekstatischem Fanatismus. Khomeini, müde, starr und wie abwesend wirkend, geht in einem Meer von Körpern unter. Ein Volk will ihn sehen, ihn berühren, es drängt und stößt heran, die Wächter auf dem Autodach müssen diese stürmische Brandung brutal zurückschlagen. Der

Fahrer am Steuer sieht seinen Weg längst nicht mehr, er fährt auch über die Menschen. Als der Wagen in der Masse endgültig gestrandet ist, kommt der Hubschrauber, um den *Imam* zu den Märtyrergräbern seiner Revolution zu bringen. Dort, wo Hunderte und Tausende Tote der vergangenen Monate liegen, hält Khomeini die Abrechnung mit Persiens politischer Vergangenheit und Gegenwart. Dem Ministerpräsidenten Baktiar droht er: »Ich werde dieser Regierung ins Gesicht schlagen.« Und er fragt die Menge, wie in diesem Land ein amtierender Politiker noch glauben könne, rechtmäßig an der Macht zu sein, da er von einem illegalen Parlament und einem illegalen Monarchen ernannt wurde. 20 Jahre lang werde das Volk brauchen, um die Verwüstungen wieder gutzumachen, die durch die Landesreform und die Wirtschaftspolitik des Schah angerichtet wurden. »Er hat dieses Land zugrunde gerichtet«, wütet Khomeini, »und das einzige, was Mohammed Reza Phalewi wirklich ausgebaut hat, sind die Friedhöfe Persiens.« Zum ersten Mal legt der Ayatollah einen dramatischen Ausdruck in seine Worte. Er hebt die Hände und ballt die Faust. Doch selbst diese Gesten wirken künstlich, passen nicht zu den ernsten unbewegten Zügen dieses Mannes.

An den Schluß seiner Worte stellt Khomeini den Appell an jene, die seinen Sieg noch immer in Frage stellen – an die Armee. »Ich habe eine Bitte an die Streitkräfte. Wir wünschen uns so sehr, daß ihr unabhängig seid. Wir gehen durch eine Zeit der Sorgen. Wir haben Blut geopfert, das Blut unserer Jugend. Wir haben unsere Ehre eingesetzt und Haft und Folter unserer Priester in Kauf genommen. Alles was wir jetzt wollen, ist Eure Unabhängigkeit. Herr General, wollen Sie nicht unabhängig sein? Herr Major, wollen Sie nicht unabhängig sein? Wollen sie denn wirklich immer Lakaien bleiben?« Die Huldigungen nach dieser Rede erreichen ein Ausmaß, daß schließlich nur ein Krankenwagen den Heimkehrer

aus dem Chaos retten kann. »Allah ist groß«, brüllt die Menge. Aber auch »Khomeini ist groß«.
Die Begeisterung dauert an, stundenlang und tagelang. Sein Hauptquartier im Zentrum der Stadt verwandelt sich in ein Heiligtum, dort steht Khomeini am Fenster, läßt sich anschauen und angreifen, aber er bleibt dabei eine Maske der harten Vergeltung. Drei Tage nach der Ankunft kann ein anderer Führer des Volkes, Ayatollah Schariat-Madari, sein Unbehagen nicht mehr zurückhalten. »Es ist leicht, ein Radikaler zu sein, wenn man weit genug von einem diktatorischen Regime entfernt lebt«, sagt er in Ghom. »Aber wenn man unter der ständigen Drohung von Gewehren und Kugeln leben muß, dann wird man auch eine andere Taktik finden müssen.« Niemand habe das Recht, von sich zu behaupten, daß er allein das Monopol über die einzig wahre Interpretation des Islam besitzt. Die Worte Schariat-Madaris finden an diesem Tag nur wenig Gnade in den Zeitungen.
Als Khomeini am 5. Februar 1979 seine Gegenregierung ernennt, sagt Premier Baktiar noch selbstbewußt: »Das ist ja ein Witz.« Aber der Name des neuen Regierungschefs der Revolution setzt Shapur Baktiar endgültig schachmatt. Der Ayatollah hat den 73jährigen Mehdi Bazargan überredet – und in diesem Augenblick ist die alte Drohung Baktiars, die Mitglieder der Gegenregierung notfalls verhaften zu lassen, eine Peinlichkeit geworden. Seit den Tagen Mossadeghs sind die beiden Ministerpräsidenten, die einander jetzt in Teheran gegenüberstehen, enge Vertraute. Baktiar gibt es selbst in dieser Stunde unumwunden zu: »Er ist ein alter Freund, ich respektiere ihn.« Für Khomeini und Bazargan war es ein beachtlicher Schritt, der sie zusammenführte. Was sie eint ist der Glaube, was sie trennt ist die politische Taktik. Bazargan ist für die Umwandlung der Monarchie in eine islamische Republik durch eine Reihe kleiner gewaltloser Schritte. Dabei hat er weit stärker unter der Herrschaft des Schah gelitten, als

Khomeini. Der schmächtige, kahlköpfige Mann, mit dem winzigen weißen Bart, einst unter Mossadegh der Chef der eben verstaatlichten iranischen Erdölindustrie, saß für sein politisches Bekenntnis insgesamt viermal im Kerker und blieb dennoch ein Gemäßigter.

Er stellt jene Brücke dar, die Khomeini braucht, um zumindest Teile der Armee an seine neue islamische Bewegung zu binden. Bazargan hat keine Feinde, als Menschenrechtler und Politiker, als Technologe und ergebener Schüler des Islam. Er schrieb jene Bücher, die der Westen so gerne von Khomeini gelesen hätte: Wie die traditionellen islamischen Werte mit einer modernen, technologischen Gesellschaft in Einklang gebracht werden könnten. Um diesen Mann zu bekämpfen, hat Baktiar weder die persönliche Entschlossenheit, noch den notwendigen Rückhalt. Das ist der erste Triumph des bisher unbekannten Taktikers Khomeini, er hat die amtierende Regierung mit einem Gegner herausgefordert, der ihr Freund ist.

Baktiar muß nicht mehr lange kämpfen. Am Freitag dem 9. Februar sitzen die Kadetten der Kaserne in Farahabad am Stadtrand von Teheran beisammen und sehen noch einmal einen zusammenfassenden 70-Minuten-Film über die Heimkehr Khomeinis im Fernsehen. Viele von ihnen sind von dem Geschehen gepackt, springen auf, lachen und jubeln. Vor dem Bildschirm kommt es zu einem Streit mit verfassungstreuen Soldaten, dann zu einem Handgemenge. Das alles ergibt sich spontan, niemand hat von Außen gezündelt. Als die ersten Khomeini-Sprechchöre durch die Kaserne schallen, schlägt die Wache Alarm. Sie bittet im Hauptquartier der »Unsterblichen«, der Elite-Einheit des Kaisers in Lavisam, um Verstärkung. Mannschaftswagen rollen Minuten später durch Teheran. Als die ersten Soldaten der kaiserlichen Garde das Kasernengelände von Farahabad erreichen, stürzen dort die aufgeschreckten Anhänger Khomeinis zu den

Waffenkammern. Irgendjemand verständigt das Hauptquartier des Ayatollah, kurz vor 10.30 Uhr abends strömen tausende Menschen aus den nahegelegenen Häusern auf die Straßen. Für sie steht fest, daß jetzt der Endkampf zwischen dem Schah und der islamischen Revolution beginnt.
Und plötzlich sind auch die Waffen da, die das Volk zur Verteidigung seines Führers braucht. Schon in den ersten Tagen nach Khomeinis Rückkehr sind sie in aller Stille verteilt worden. Viele der Gewehre kamen im Verlauf der vergangenen Monate aus Libyen, Afghanistan, vor allem aber von Yasser Arafats Palästina-Befreiungsorganisation (PLO). Später heißt es, in vielen Orangenkisten, die seit langer Zeit in Ghom eintrafen, seien gar keine Orangen gewesen.
An diesem 9. Februar 1979 macht der Besitz der Waffen die Menge mutig. Im Dunkel der Nacht mißachten Zehntausende das Ausgehverbot, bauen Barrikaden rund um den Militärstützpunkt von Farahabad und um das Haus Khomeinis. Panzer fahren auf, greifen aber nicht ein. Die Gefechte der kaiserlichen Garde mit den Khomeini-treuen Soldaten gehen bald über das Areal der Kaserne hinaus. Jetzt erlebt die Stadt Teheran beinahe jenen Bürgerkrieg, vor dem alle gezittert haben. Mit den Waffen in der Hand stürzt das Volk auf Militärstützpunkte und Gefängnisse zu, plündert die Waffenlager und befreit Tausende Eingekerkerte, darunter irrtümlicherweise auch viele der zuletzt verhafteten Spitzenfiguren der SAVAK. Rund 1000 Menschen sterben im Lauf des folgenden Sonntags. Am 11. Februar aber passiert das Unerwartete, das völlig Unglaubliche. Zuerst schließen sich die Besatzungen ganzer Polizeikasernen den Aufständischen an, dann stellt der oberste Kriegsrechtverwalter von Teheran, General Mehdi Rahimi, den Kampf ein – sein Vorgänger Oweissi ist längst zur »ärztlichen Untersuchung« in die USA abgereist. Schließlich verkündet das Oberkommando der persischen Streitkräfte nach einer Sitzung mit Premier Baktiar seine

Neutralität und befielt den Soldaten, in die Stützpunkte zurückzukehren. Baktiar selbst taucht unter.
Es ist genau 12.00 Uhr, als der Pfauenthron endgültig in sich zusammenstürzt. In diesem Augenblick marschiert eine zehntausendköpfige Menge auf die beiden letzten Stützpunkte der Dynastie zu, auf die Kaserne der »Unsterblichen« und auf den kaiserlichen Winterpalast in Niavaran. Mit Handschlag hat jeder aus der Elite-Truppe dem Schah die Treue geschworen, viele von den Soldaten sind ihrem Monarchen so sehr ergeben, daß sie – daher ihr Name – an seine Unsterblichkeit glauben. Jetzt sieht die kaiserliche Garde die Menschenmassen auf sie zumarschieren, richtet die Panzerrohre auf die Menge. Das Volk ist nur noch wenige Dutzend Meter von den schweren Tanks entfernt, das letzte große Blutbad scheint unmittelbar bevorzustehen, da passiert das Wunder: Die Elitesoldaten steigen aus den amerikanischen und britischen Panzern, klettern aus den Bunkerstellungen, übergeben ihre Handwaffen an die Wachen Khomeinis. Schockiert, verstört und manche auch weinend, so verschwinden die Männer, die in den vergangenen Monaten Tausende Demonstranten auf offener Straße erschossen haben, in der Menge. Irgendjemand hat einen Berg von Zivilkleidern mitgebracht, in fremden Hemden und Hosen entfernen sich die treuesten Soldaten des persischen Kaiserreichs aus der Geschichte – im Doppelsinn des Wortes.
»Keine Armee kann auf Dauer zur Unterdrückung des eigenen Volks eingesetzt werden, ohne dabei Schaden zu erleiden«, schrieb der Nahostspezialist Arnold Hottinger schon lange bevor ihn die Ereignisse in Teheran bestätigen. »Eines Tages könnte der Punkt erreicht sein, da den Militärführern, wenn Moral und Kampfkraft zu sinken drohen, die Erhaltung ihres Instruments wichtiger wird, als die Erhaltung der Loyalität gegenüber dem Monarchen und dessen politischen Zielen.« Das war es, was in Persien schließlich zu einem der

schnellsten Zusammenbrüche einer Armee in der Kriegsgeschichte geführt hat. Der Gottesmann Ruhollah Musawi Khomeini ist damit auf dem Höhepunkt seines Lebens angelangt, er ist vom Schah-Feind zum Volks-Freund und schließlich zum Herrscher über Persien geworden.
Die Besetzung des Niavaran-Palastes im Norden von Teheran wird zum Symbol für den Sturz der persischen Monarchie. Die Besetzung der Kaserne der »Unsterblichen« aber zum Sinnbild für das Scheitern einer Armee, die von den besten Militärexperten für jede denkbare Eventualität vorbereitet wurde, doch die Revolte einer unbewaffneten Menge gegen diese bis an die Zähne bewaffnete Streitmacht stand nicht im Szenarium.

Der Polizist tritt ab

Ein Monster à la Frankenstein

Der CIA war ahnungslos

Karl Marx im Kaftan?

Am Ende droht der Schrott

Der große Wandel in Persien konzentrierte sich letztlich auf zwei Sonderflüge: Der Schah flog fort und Khomeini kam. Dieser Tausch Krone gegen Turban provozierte einen gewaltigen Umbau der Weltpolitik. Dabei standen die betroffenen, schockierten Gesichter in vielen Macht-Zentralen der Erde nicht nur in krassem Gegensatz zum Jubel des persischen Volks, sie waren auch politisch nicht immer leicht verständlich. War hier nicht eben ein Kaiser gestürzt worden, der jahrzehntelang in seinem Volk Angst und Schrecken verbreitete – für westliche Menschenrechtspolitiker also ein besonderer Dorn im Auge? War hier nicht ein Imperialist vertrieben worden, der Marxisten aller Richtungen gnadenlos gejagt hatte – für kommunistische Regierungen von Moskau bis Peking also ein klassischer Feind? War hier nicht ein nahöstlicher Potentat entmachtet worden, der die Glorie der persischen Geschichte einsetzte, um sich zum Wächter und Polizisten über eine ganze Region zu erheben, auch über einen großen Teil der arabischen Welt – also der programmierte Gegner aller Araber? Doch siehe da, als Mohammed Reza Pahlewi ging und Khomeini kam, freuten sich weder Amerikas Demokraten noch Arabiens Scheichs, weder die Kommunisten in Moskau noch jene in Peking.
Der Triumph des alten Ayatollah trieb den Westen in die Panik und den Osten in die Ratlosigkeit. Was sie voneinander unterschied, war höchstens die Heftigkeit der Reaktion. Sie war nirgends stärker als in Washington, wo Politiker von der größten außenpolitischen Krise seit dem Vietnam-Krieg sprachen. Sie war kaum geringer in Europa, wo die Generäle im NATO-Hauptquartier in Brüssel Nachtschichten einlegten. Mit Schah Mohammed Reza war ein Fundament westlicher Politik eingestürzt, an dessen ewige Stabilität jedermann blindlings geglaubt hatte. Am Nabel der Energieversorgung und an der Nahtstelle der westlichen Verteidigungssysteme NATO und CENTO hatte ein Unbekannter das

Kommando übernommen; ein Priester, der seine offene Abneigung gegen die Amerikaner, Briten und überhaupt gegen alle »Imperialisten« seit Jahrzehnten predigte. Zerbrochen war der Riegel, den der Westen zwischen die Sowjetunion und das Ölparadies der Erde geschoben hatte.
»Die iranische Situation ist eine Tragödie für den Westen«, sagte Henry Kissinger. Und in Amerika ebenso wie in Europa waren Strategen nach dem Sieg Khomeinis dabei, alle Verteidigungskonzepte der Vergangenheit wegzuwerfen – ohne brauchbare Alternativen in den Schubladen. In aller Stille evakuierten amerikanische Techniker die geheimen Abhöranlagen, die entlang der persischen Nordgrenze zur Sowjetunion standen, während in Teheran die neue, »islamische Republik« gefeiert wurde. In den USA wurden Notpläne ausgearbeitet, um die höchstentwickelten Wunderwaffen, die Washington solange bereitwillig dem persischen Kaiser verkauft hatte, im Ernstfall zurückzustehlen. Im Wirbel um das neue Idol Khomeini ging ein Gesicht in Teheran unter, das manche Diplomaten kennen mußten: *Erich von Marbot*. Offiziell war der Amerikaner gekommen, um über die Einstellung bereits beschlossener Waffenlieferungen zu verhandeln. In Wahrheit hatte sich dieser Mann schon einmal als Experte erwiesen – in den Schlußtagen des Vietnam-Krieges war ihm die brisante Aufgabe übertragen worden, soviel geheimes US-Material wie möglich vor dem kommunistischen Feind zu retten.
Die größte Armee im Nahen und Mittleren Osten hatte in Persien auf letztlich kuriose Weise ihren kaiserlichen Oberbefehlshaber verloren. Auf dem Höhepunkt seiner Macht war sie sein liebstes Spielzeug gewesen: »In fünf bis sechs Jahren wird der Iran zur fünftstärksten Militärmacht der Welt aufsteigen« – dieses stolze Bekenntnis unterstrich der Schah in Teheran zuletzt mit mehr als 400000 Soldaten, 2200 Panzern, über 400 Jets, 30 Kriegsschiffen und der größten Flotte

an Luftkissenbooten rund um den Globus. Über diese Armada hatte plötzlich ein Mullah die höchste politische Kontrolle übernommen. Und keiner wußte, wie rasch sie in noch gefährlichere Hände fallen würde.
Mit dem Sturz des Schah ging Anfang 1979 eine ebenso faszinierende wie größenwahnsinnige Vision zu Ende, die der Monarch nach dem Abschied der Engländer von ihrer historischen Rolle östlich von Suez systematisch in die Wirklichkeit umsetzte. Dafür steckte der Kaiser jeden vierten Dollar, den sein Land als zweitgrößter Ölproduzent der Erde aus dem Verkauf seines schwarzen Goldes erhielt, in Rüstungskäufe. Über 200 000 Amerikaner lebten von der Produktion der persischen Kriegsmaschinerie und im Iran selbst waren nahezu 50 000 US-Berater und Techniker, pensionierte Generäle und Agenten damit beschäftigt, aus der persischen Armee und den amerikanischen Waffen eine Einheit zu schweißen. Dieser gewaltige Aufwand an Mensch und Material gehörte zu den Wurzeln des persischen Volksaufstandes. »Bisher haben die Ausländer sich ständig in unsere Angelegenheiten eingemischt«, sagte Khomeini in den Jahren seines Exils, »wir waren nicht mehr als die Handlanger ausländischer Interessen. Tatsächlicher Fortschritt läßt sich nur erreichen, wenn die Menschen frei sind, und das Land wirklich unabhängig ist.« Der Schutz der Unabhängigkeit allein war nicht das Ziel des Schah. Der Kaiser hatte sich drei grundsätzliche Aufgaben vorgenommen. Mindestens zwei davon erfüllte er auch zur Freude anderer. Er wollte die fast 1800 Kilometer lange gemeinsame Grenze mit der Sowjetunion schützen, für sich und für den Westen. Er wollte den Polizisten und Wächter für die weitgehend schutzlosen kleinen arabischen Fürstentümer im Persischen Golf spielen – und die Industriestaaten lobten ihn dafür. Er wollte schließlich dem Nachbarn und ewigen Gegenspieler Irak eine Abschreckungstruppe entgegenstellen. Für Amerikaner, Europäer und Japaner, die größten Ab-

nehmer des nahöstlichen Erdöls, war das Kaiserreich Persien von einer fast beispiellosen Bedeutung. Es sicherte bereitwillig den Lebensnerv energiehungriger Nationen, es war darüber hinaus die einzige stille Brücke, die im Orient zwischen den Arabern und Israel existierte.

»Keine andere Nation auf dieser Erde ist wichtiger für unsere gemeinsame militärische Stabilität«, sagte Jimmy Carter noch am 1. Juni 1978, als er das Glas auf den lächelnden Ölgott Mohammed Reza Pahlewi erhob. Strahlend fügte der US-Präsident hinzu: »Es gibt keinen Staatsmann, demgegenüber ich mehr persönliche Dankbarkeit und Freundschaft empfinde.« Der Aufstieg des alten Khomeini ein Jahr später weckte in Washington andere Emotionen, vor allem Panik und Sorge. Von ihm können die Amerikaner zwar eine Verteidigung der Nordgrenze Persiens gegen die Sowjetunion erwarten, aber als Polizist über die Quellen allen Öls verweigerte Allahs prominentester Soldat von allem Anfang an den Dienst: »Für uns ist die strategische Bedeutung dieser Region nicht dieselbe wie für diejenigen, die mit gierigen Augen darauf starren.«

Da war der Schah schon von einem anderen Kaliber. In jeder kritischen außenpolitischen Phase hatte er eindeutig die Partei des Westen ergriffen. Er belieferte Israel, Südafrika und Rhodesien ohne Rücksicht auf internationalen Druck mit Erdöl. Er appellierte 1973 bei Ägypten und Saudi-Arabien für ein rasches Ende der Ölkrise. Verschwiegen schickte er auf dem Höhepunkt des Vietnamkriegs ein vollgeladenes Tankschiff, als eine US-Flugzeugträgerflotte ohne Treibstoff und damit manövrierunfähig im Indischen Ozean lag. Sogar eine Schwadron von Phantomjägern entsandte der Schah nach Saigon, als der Endkampf um Indochina angebrochen war. Unter dem Vorwand, den Eingang zum Ölparadies vor politischen Desperados schützen zu müssen, eroberte er drei Inseln im Persischen Golf, und er half dem Sultan von Oman

mit ein paar Tausend Soldaten, eine Revolte in der Grenzprovinz *Dhofar* niederzuschlagen.
Soviel Hilfsbereitschaft verleitete die Spitzenpolitiker in Washington, London, Paris und anderswo, in ihren Rüstungsfabriken die Fließbänder auf Hochtouren laufen zu lassen. Für Persiens Armee wurden Flugzeuge und Raketen gebaut und geliefert, noch ehe sie der westliche Verteidigungspakt NATO besaß. Wurden Aufklärungssysteme entwickelt, die sich reiche Industriestaaten gar nicht leisten konnten.
Aber es kamen die Jahre, in denen sich Diplomaten und Generäle in Amerika und Europa die Frage zu stellen begannen, wozu der Schah tatsächlich ein solches Arsenal an Vernichtungswaffen hortete. Entwickelte sich hier am Ende unter ständigem Streicheln westlicher Demokraten ein Frankensteinsches Monster? Ab Anfang 1975 schockten Horrorgeschichten unter dem Titel »Die Perser kommen – oder Wie der Schah die Welt erobert« eine Millionenschar westlicher Leser. Es war eine apokalyptische Vision drohender Gefahren, für die führende Militärexperten genügend Bezüge zur Realität fanden. Noch zehn Jahre, so prophezeiten Strategen, und Persien werde die Mehrzahl seiner Nachbarn militärisch erdrücken. Um die Sowjetunion ernstlich herauszufordern, dazu war die kaiserliche Armee selbstverständlich zu klein. Aber sie war viel zu groß, um nur das eigene Land gegen die Nachbarn im Osten und Süden zu verteidigen. Pakistan war seit der Teilung von Bangladesch verwundet, Afghanistan zu unterentwickelt, die Türkei ein traditioneller Freund, die Golfstaaten selbst schutzbedürftig und der Irak hatte nur ein Drittel der persischen Bevölkerung.
Der Sieg des Gottesmannes aus Khomein hat die letzte Antwort auf die Frage nach dem Warum dieser gewaltigen Aufrüstung offen gelassen. Aber sicher ist, daß der persische Kaiser seiner Armee auch deshalb eine so riesige Dimension gab, um – direkt und indirekt – die eigene Dynastie zu festigen. Mit

ständig neuen Waffensystemen verwöhnte der Kaiser die Generäle, die seiner eigenen Einschätzung nach die einzige Kraft im Lande sein konnten, unter deren Schlägen die Monarchie zerstörbar war. Mit einer straffen Befehlshierarchie und mit finanziellen Verlockungen machte er diese Streitmacht praktisch umsturzsicher. Alle wichtigen Ernennungen erfolgten durch den Schah selbst, die Befehlskette schloß sich erst durch ihn. Persiens Offiziere lebten in einem Luxus, der selbst im Vergleich zu anderen Privilegierten der Monarchie beispiellos war. Neben Supergehältern gab es Gratisvillen mit Dienern, standen exklusive Urlaubszentren und eigene Geschäfte in Teheran zur Verfügung, in denen für Offiziere auch westlicher Luxus zu Minipreisen zollfrei erhältlich war. Wo es Probleme mit jüngeren Offizieren gab, die politische Aktivitäten zeigten oder die gewaltige Überfremdung der Streitkräfte kritisierten (auf zehn Soldaten kam ein US-Berater), da schlug der Schah beinhart zu. So wurden allein 1954 rund 600 Offiziere erschossen oder zu äußerst langen Zuchthausstrafen verurteilt.
Im Namen der Verteidigung gegen die »rote Invasion« aus dem Norden kaufte der Kaiser mit seinen Ölmilliarden aber nicht nur die Waffen als Beschäftigungstherapie für seine Geräle, sondern gleichzeitig auch das Stillschweigen Amerikas zu den Unterdrückungsmaßnahmen im Land. Im Frühjahr 1961 hatte John F. Kennedy noch mehrmals gedroht, man werde »die Bedeutung des Iran in der amerikanischen strategischen Globalplanung drastisch überprüfen lassen, wenn der iranische Hof nicht Schritte zur Verbesserung der inneren Gesundheit des Landes unternehme«. Der Schah selbst wurde unruhig und verkündete den Beginn einer »Weißen Revolution«, doch die versprochene Renovierung des Staates entpuppte sich als Schaufensterdekoration. Seit damals ersuchten die USA immer wieder um die Anerkennung der Menschenrechte in Persien. Aber es blieb bei unverbindli-

chen Forderungen. Und je mehr Amerikas Politik im Persischen Golf vom Schah abhängig wurde, desto größer wurde das Risiko, ihn durch allzu großen Druck oder gar durch Kontakte mit der Opposition zu verärgern. Diesen tragischen Zusammenhang hat niemand deutlicher klargestellt als Ayatollah Khomeini. In seinen Predigten aus den langen Exiljahren wird Amerikas Waffenhilfe immer wieder als direkte Unterstützung für das persische Gewaltregime kritisiert.

Vom Aufstieg des alten Schiitenführers wurde die größte Macht der freien Welt praktisch völlig überrumpelt. Fassungslos verfolgte Amerika als engster Verbündeter der persischen Dynastie den Niedergang des Schah und den Sieg Khomeinis. Ein Sonderausschuß des US-Kongresses hat im Januar 1979 die Gründe für die Blamage bloßgelegt, die den Amerikanern wieder einmal unterlaufen war. Wie schon 1974 in Griechenland und in Portugal, wie in Vietnam und beim Oktoberkrieg im Nahen Osten hatte ein weltpolitisch bedeutsamer Wandel die Führungsmacht des Westens völlig unvorbereitet getroffen. Es zeigte sich bei den Untersuchungen mit schonungsloser Deutlichkeit, wie es möglich war, daß Khomeini und seine Revolution des Volkes glatt übersehen werden konnten. So hoch nämlich stand der persische Kaiser in amerikanischer Gunst, daß die führenden Politiker in Washington gar keinen Appetit auf ernsthafte Analysen über die Machtbasis des Schah hatten. Die wenigen Diplomaten und Geheimdienstagenten der USA, die nicht an die Legende von der ehernen Stabilität der Pahlewi-Dynastie glaubten, stießen auf taube Ohren, ihre Argumente waren nicht gefragt.

Um den Schah nicht zu verärgern, schickten Amerikas Präsidenten stets Botschafter nach Teheran, die dem kaiserlichen Regime persönlich nahe standen. Richard Helms, ehemaliger CIA-Chef, erhielt den Botschafterposten, weil er mit dem Schah dasselbe Schweizer Internat besucht hatte. Und William Sullivan, 1964 bis 1969 für die geheimen Bombardierungen der Zivilbevölkerung in Laos verantwortlich, verniedlichte als Missionschef in Teheran die Massendemonstrationen zur »Bagatelle«. Als Hunderttausende bereits die Bilder Khomeinis durch die persischen Städte trugen, fragte Sullivan vor Zeugen noch immer: »Dieser alte Mann und Störenfried in Paris, wie ist sein Name?« So eng waren Amerikas Regierung und Persiens Kaiserhof miteinander verbunden, daß Ex-Außenminister William Rogers bis zuletzt im Verwaltungsrat der berühmt-berüchtigten »Pahlewi-Stiftung« saß. So wird verständlich, warum der US-Geheimdienst CIA keine Erlaubnis besaß, Informationen aus der persischen Opposition einzuholen, warum er angewiesen wurde, Analysen über die Lage vom persischen Geheimdienst SAVAK zu übernehmen; warum er keine Agenten besaß, die Persiens Sprache beherrschten.

Fünfmal während des dramatischen Jahres 1978 produzierte der US-Geheimdienst ein Persien-Papier, fünfmal mit dem Fazit: »Der Schah wird auch zehn weitere Jahre an der Macht bleiben.« Als in Teheran bereits das Massensterben begonnen hatte, versicherte der CIA dem Präsidenten im Weißen Haus noch immer, der Iran sei »weder in einer revolutionären noch vorrevolutionären Phase«. Zu politischem Desinteresse und CIA-Ahnungslosigkeit kam im Fall Persien noch ein seltsam unkritischer Kurs der amerikanischen Presse als dritter Pfeiler öffentlicher Meinung. Sie, die sonst gerne in deutlicher Distanz zur Regierungspolitik steht, war gegen kaiserliche Unterdrückungsmaßnahmen überraschend taub und über die wahre Stärke der Schah-Gegner – vor allem innerhalb des schiitischen Klerus – weitgehend uninteressiert. Khomeini und seine Leute blieben auch dann noch eine »kuriose Mischung zwischen religiösen Eiferern und opportunistischen Marxisten«, als sie bereits an der Schwelle zur Macht standen. Massendemonstrationen wurden zu »Tumulten« oder »Krawallen« verkleinert; bis in seine Endphase erhielt der Volksaufstand die Beiworte »fanatisch« und »irrational«. Das alles mußte die Spitzenpolitiker in ihrem Urteil über Persien als eine »Insel der Stabilität« nur noch bestärken.

Als Richard Helms am Beginn des Jahres 1979 die Regierung in Washington verzweifelt drängte, sich doch endlich der alten Tricks zu erinnern, die eine Großmacht erst zur Großmacht werden läßt, war der Schah längst verloren. Niemand hatte Männern wie Senator Frank Church zugehört, der jahrelang gepredigt hatte: »Wir bauen auf ein Kartenhaus, das einmal auf uns und unsere Verbündete hereinbrechen wird.« Als es zusammenbrach, ging nicht nur das große strategische Bild des Schah in Trümmer. Amerika und mit ihm der ganze Westen stand ratlos dem Phänomen Khomeini gegenüber.

Es war ein geringer Trost, daß es der Sowjetunion offenbar nicht sehr viel besser ging. Auch sie konnte mit dem Ayatollah und seinen Mullahs nichts Rechtes anfangen. Auch sie hatte an einem Sturz des Schah nicht wirklich ein politisches Interesse, obwohl der Kaiser durch die Moskau-treue verbotene Tudeh-Partei von sowjetischem Boden aus, vor allem aber aus der DDR, jahrzehntelang attackiert wurde. Trotz dieses Zweikampfes auf ideologischer Ebene und trotz der Wächterrolle, die der Monarch im Namen des Westens erfüllte, unterhielt das Kaiserreich Iran über viele Jahre gute Beziehungen zur Sowjetunion. Osteuropäische Universitäten drückten wiederholt den Doktorhut aufs kaiserliche Haupt, obwohl der Schah seinen Kampf gegen die Kommunisten bis in die Folterstuben der SAVAK vorantrieb. Für den Kreml war Mohammed Reza Pahlewi ein Mann, dessen Verhalten und dessen Ambitionen begreiflich waren. Mit ihm ließ sich erfolgreich Handel treiben – im Jahr 1978 immerhin im Wert von 1,1 Milliarden Dollar. Mit ihm konnte Moskau über Öllieferungen verhandeln, um den drohenden Engpaß in der Eigenversorgung in den achtziger Jahren zu überwinden.

1981 sollte die iranisch-sowjetische Ölpipeline fertig sein. Für den alten, bärtigen Ayatollah Khomeini und seinen schiitischen Gottesstaat nach dem Vorbild des Propheten Mohammed fehlt den sowjetischen Spitzenpolitikern dagegen ein großes Maß an Verständnis. Die Mullahs in Teheran bedeuten für die sowjetische Führung sogar eine Bedrohung. Denn die Bewohner der Sowjetrepubliken an der iranischen Grenze stehen in Sitten, Kultur und vor allem in ihrem Glauben dem persischen Volk sehr nahe. Noch immer widersetzen sie sich den Versuchen der Moskauer Regierung, sie ihrer nationalen Eigenheiten zu berauben und ihnen den Glauben auszutreiben. Auf diese Signalwirkung, die von einem Khomeini-Staat ausgehen müßte, haben die Kämpfer für die »islamische Republik« im Endkampf um die Macht in Persien wiederholt hingewiesen.
Henry Kissinger, einer der treuesten Kämpfer für den Schah, vermutete dennoch die lange Hand Moskaus hinter den Kaftans der persischen Mullahs. Für ihn waren »Demonstrationen dieser perfekten Planung« nie ohne eine straffe Organisation möglich.« Und Richard Helms war ganz sicher: »Das Gerede über fehlende Beweise sowjetischer Einmischung ist Nonsens. Der KGB ist da, wir müssen den CIA ins Spiel bringen.« Massenbewegungen wie die persische entzogen sich dem strategischen Fassungsvermögen amerikanischer Agenten und Politprofessoren also ebenso wie den Kalkulationen des Kreml.
Die Schockwelle der Ereignisse in Persien griff rasch auf die Nachbarstaaten über, sie veränderte das Gleichgewicht zwischen radikalen und gemäßigten Ländern im Orient. Sie veränderte vor allem aber die Rolle Saudi-Arabiens, dessen mittelalterliche politische Struktur dem umstürzlerischen Druck plötzlich weit stärker ausgeliefert war als bisher. Schon lange hatten US-Politologen kritisiert: »Wir haben unsere Sicherheit im Ölzentrum auf zwei Monarchien aufge-

baut, wenn die eine stürzt, wackelt die andere.« Saudi-Arabien hat ähnliche Probleme wie der Iran. Auch seine Gesellschaft ist auf dem Sprung in das 20. Jahrhundert. Seine politische Herrschaft ist demokratischen Spielregeln noch weiter entfernt, als es der Iran unter dem Schah war. Staat, Könighaus und Öleinkünfte sind bei den Saudis ähnlich undurchsichtig verfilzt wie unter der Herrschaft der Pahlewis, die königliche Familie spielt in der Wirtschaft des Wüstenkönigreichs dieselbe dominierende Rolle wie im Iran. Auch die Amerikaner verfügen in Saudi-Arabien über einen annähernd gleichen politischen, wirtschaftlichen und militärischen Einfluß, wie sie ihn jenseits des Golfs im Iran besaßen.

Der Unterschied liegt dort, wo Khomeini die größten Sünden der kaiserlichen Herrschaft in Teheran entdeckte. Das Königshaus der Sauds respektiert seit Gründung der Monarchie sorgsam die kirchliche Orthodoxie, fühlt sich als Wächter über die heiligen Stätten in Mekka und Medina, hält folglich islamische Gebote weit konsequenter, als der Schah jemals willens war – von der strengeren Trennung der Geschlechter bis zur Verschleierung der Frauen. Saudi-Arabien versteht sich als jener Kirchenstaat der Sunniten, den Khomeini für die Schiiten in Persien ein Leben lang verwirklichen wollte. Dennoch bleibt das gegenseitige Verständnis in Grenzen. Das *Khuda* (Gott) *Koran, Khomeini*, das die persischen Massen bei ihren Aufmärschen für den heiligen Mann aus Ghom brüllten, war für die Sunniten eine glatte Blasphemie. Völlig unakzeptabel empfanden die Saudis also den Personenkult, den Irans Bevölkerung für seinen »Imam« Khomeini zeigte.

In Teheran war die »islamische Republik« noch kaum installiert, als die Amerikaner bereits ihren Verteidigungsminister zu König Khaled schickten. Damit war klar, daß Saudi-Arabiens Herrscher künftig die Rolle des Schah im strategischen Konzept des Westens übernehmen sollte; daß die Verteidigungskette nicht mehr entlang der sowjetischen Grenze in

Nordpersien laufen konnte, sondern an der arabischen Golfküste. Scheichtümer wie Bahrain und Dubai, vor allem aber das Sultanat Oman, erhielten mit Khomeinis Machtübernahme über Nacht eine neue Aufgabe übertragen, von der niemand wußte, ob die Scheichs und Emire dazu tatsächlich bereit und fähig waren. Obwohl der Ayatollah schon in den ersten Stunden des Sieges deutlich machte, wie sehr Persiens Politik künftig auf Kollisionskurs mit Israel ausgerichtet werden sollte, und obwohl er den PLO-Führer Arafat als ersten Staatsgast in Teheran begrüßte, blieb die Freude über den Wandel in Persien in vielen Hauptstädten der arabischen Welt vielfach ein Lippenbekenntnis. Königreiche wie Jordanien und Marokko sahen sich nach dem Sturz der persischen Monarchie politisch noch stärker exponiert. Amerikafreundliche Regierungen fürchteten die im Iran losgetretene Grundwelle der Ausländer-Feindlichkeit. Ägyptens Präsident Sadat bangte um die Milliarden, die ihm der Schah für Wiederaufbau-Projekte im Land mit lockerer Hand überwiesen hatte. Und selbst unter den Radikalen in Arabien kam keine echte Siegesfreude über den Sturz des persischen Kaisers auf. Beim Nachbarn Irak, der bis 1975 die Todfeindschaft mit dem Schah praktiziert hatte, rührten sich bald die Schiiten und forderten – schon mit einem Schreiben Khomeinis, der auch ihre höchste religiöse Autorität ist – die politische Autonomie. 10 Jahre lang war der Ayatollah in seinem Nadschef-Exil ein willkommenes politisches Werkzeug der irakischen Machthaber im Untergrundkampf gegen den feindlichen kaiserlichen Nachbarn gewesen. Mit seinem Triumph wurde Bagdads jahrelanges Spiel mit Khomeini plötzlich zum politischen Rohrkrepierer.

Ungeachtet der gewaltigen Veränderung, die der Tausch Schah-Khomeini an der Spitze des Iran ausgelöst hatte, blieb die persische Armee auch nach dem Jubel der islamischen Revolutionäre ein intaktes Machtinstrument. Sie war am 10. und

11. Februar fast kampflos geschlagen worden, sie schien verwirrt und ihrer eigenen Kraft und Solidarität unsicher geworden zu sein. Ihre Kampfkraft aber blieb letztlich intakt. Mehr als 400000 Soldaten, jahrzehntelang gewohnt, jeden Morgen ihr »*Xoda, Schah, Minan*« (Für Gott, Schah und Vaterland) zu rufen, wurden ein skeptischer, zögernder Partner der Mullahs. Es blieb die fundamentale Schwäche Khomeinis, daß ihm die Streitkräfte als wichtiges Zentrum politischer Macht nicht solidarisch zur Seite standen, sondern von der ersten Stunde an bestenfalls auf Kompromißbasis mit ihm und seiner Regierung leben wollten. Zuschlagen konnte die Armee trotz der weißen Fahnen vom 11. Februar 1979 noch immer. Und eine Führungsschicht unter den Offizieren – freilich nicht die absolute Spitze, die füsiliert wurde – betrachtete das Heer auch ohne den Kaiser als die letztlich einzig staatserhaltende und einigende Kraft im Land. Sie konnte entscheidend sein, wenn sich die Faszination für Khomeini gelegt hatte. Aber auch die Schwäche dieser Armee war bald offenkundig. Ohne das Riesenheer amerikanischer Instruktoren, ohne den ständigen Fluß von Ersatzteilen und Nachschub aus einem Land, das politisch nicht mehr in der Gunst stand, war ihre Zukunft düster. Am Ende drohte ihr der Schrott.

Ein Gottesstaat auf Erden

Das alte Haus in Ghom

Das Rettungsboot Islam

Zwischen Theorie und Praxis

Die erste Gotteslästerung

Das Haus Nr. 61 an der schmalen Kuche Yakchal Ghazi (Gasse der Kühlhäuser des Herrn Ghazi) in Persiens heiliger Stadt Ghom ist einfach und sichtlich abgewohnt. Als es gebaut wurde, war selbst der greise Hausherr noch nicht geboren. Um das geschwungene kleine Wasserbecken im Innenhof steht ein halbes Dutzend kümmerlicher Bäume. Der altmodische Schreibtisch aus schwerem Holz im kargen Arbeitsraum war 15 Jahre lang unberührt geblieben – seit jenem 4. November 1964, als die Männer des Kaisers kamen, um den Ayatollah Khomeini abzuholen. Die Bücher, die einst den Raum füllten und behaglich machten, sind verschwunden, die SAVAK hat sie ausgeräumt. Von der Heimkehr in die Geborgenheit dieses Hauses träumte Ruhollah Musawi Khomeini ohne Unterlaß, in Bursa ebenso wie in Nadschef und Paris. Als die Stunde seines Sieges kam und die Revolutionäre in Teheran die schönsten Häuser für ihr Idol bereitstellten – und es waren viele Paläste freigeworden –, da lehnte der alte Mann kurzerhand ab. Die Heimat seiner Seele war die Stadt Ghom geblieben. Ihr Geist hatte ihn einst geprägt, nicht die hektische Scheinwelt von Teheran.

Khomeini lehnte aber auch jenes größere, schönere Haus dankend ab, das ihm die Händler von Ghom zum Geschenk machen wollten, als das Wiedersehen mit seiner Heimatstadt bevorstand. Und er verzichtete selbst auf den eisernen Zaun, den man zu seiner Sicherheit um das Gebäude ziehen wollte. Mit 77 Jahren, bald am Ende eines bewegten Lebens, fand seine erlernte Genügsamkeit keine Freude am Luxus; fand sein Starrsinn keinen plausiblen Grund, warum Zäune das vielleicht vorbestimmte Schicksal verändern sollten. Die Lebensarbeit, die getan werden mußte, war fast abgeschlossen, und die Bürger von Ghom spielten ihrem Heimkehrer mit Begeisterung jene heile Welt vor, für die Khomeini so lange gekämpft hatte. Hier, 150 Kilometer südlich von Teheran, war jener »Gottesstaat« bereits Wirklichkeit geworden, an

den in Persien auch nach dem Sieg Khomeinis sehr viele Menschen nicht glauben konnten oder nicht glauben wollten. Hier begann die neue Zeitrechnung bereits, als in Teheran noch Shapur Baktiar seinen letzten Verzweiflungskampf gegen die anrollenden islamischen Wogen ausfechten mußte. Der alte Bürgermeister Ghoms, vom Schah selbst eingesetzt, war freiwillig gegangen. Die Armee hatte sich früher als anderswo aus der Stadt zurückgezogen, das Ausgehverbot beachtete niemand mehr. Die Beamten erhielten jetzt von den Mullahs die tägliche Arbeit zugeteilt, die Polizei löste sich auf. Junge Moslems mit weißen Armschleifen sorgten für Recht und Ordnung und regelten den Verkehr. Tiefgekühltes Fleisch verschwand aus den Geschäften, weil die Schlachtung der Tiere nicht der islamischen Lehre entsprach. Viele Händler hatten geschlossen, aber die Bauern kamen jeden Morgen vom Land und boten die Produkte ihrer Felder und Gemüsegärten auf den Straßen an.
Das Kino, über dessen Leinwand einst Buffalo Bill und John Wayne ritten, war ausgebrannt und keiner dachte an einen Wiederaufbau. Alkohol aber auch Pepsi Cola, produziert unter jüdischer Finanzbeteiligung, waren mit einem Mal streng verboten. Frauen ohne Schleier zeigten sich nicht in den Straßen von Ghom. Die Einkommensteuer war abgeschafft, Finanzbeamten suchten sich eine andere Beschäftigung. Die Mullahs nahmen ein Fünftel der Einkommen aller Gläubigen für die Armen, für das Krankenhaus, für den Straßenbau, aber auch zum Einkauf von Brot, das für schlechte Zeiten im »Haus des Islam« aufbewahrt wurde. Die Gerichte hatten geschlossen, alle Verbrecher wurden vor einen Rat religiöser Führer gestellt. Aber in Erwartung Khomeinis gab es vorerst keine Verbrecher in Ghom.
So wurde die Stadt in den Tagen nach dem großen Sieg zum Modell für jene politische Utopie, die Khomeini nach 1300 Jahre alten Vorbildern entworfen hatte, um in Persien, aber

auch weit über die Grenzen dieses Landes hinaus, Wirklichkeit zu werden. Sein Kampf hatte jahrzehntelang einem konkreten Gegner gegolten, dem Schah. Sein Sieg aber sollte grenzüberschreitend sein. »Ich bin der Sprecher, der die Forderungen des entrechteten islamischen Volks zum Ausdruck bringen kann«, sagte der alte Gottesmann selbstbewußt, »damit ich seinen Ruf anderen Völkern vermitteln kann.« Persiens Zeitungen waren noch eine Spur präziser: »Die iranische Revolution ist eine mächtige Woge, die den ganzen Mittleren Osten erfaßt hat.« Es hätte dieser klaren Worte gar nicht bedurft. Khomeinis Revolte im Namen Allahs wäre auch ohne diesen hochfliegenden Anspruch als ein internationales Signal gewertet worden. Als eine letzte Sturmwarnung vor der islamischen Flut für die einen, als Symbol der Hoffnung im Kampf um Wahrheit und Gerechtigkeit für die anderen.

Seit langem war keine Revolution so hautnah mit Gott als oberstem Kriegsherrn ausgefochten und auch gewonnen worden. Die gläubigen Soldaten des Propheten hatten zuletzt auf dem Schlachtfeld (vor allem gegen Israel) immer wieder Niederlagen einstecken müssen, die im Grunde die Gültigkeit des Glaubens in Frage stellten. Jetzt waren sie endlich wieder siegreich. Die Wirkung dieses Erfolgs war gewaltig – für die 600 Millionen Gläubigen ebenso wie für all jene, die den Vormarsch des Islam schon seit geraumer Zeit fasziniert oder erschreckt verfolgten: seine politische Potenz, seine soziale Attraktivität, seine religiöse Kraft. Aber gerade mit diesem großen Sieg verwirrte der Islam viele Augenzeugen des persischen Dramas. Er verwirrte sie wegen der für Europäer so schwer begreifbaren Breite dieser Religion, die ebenso Gotteskult ist wie Staatslehre. Wo der Kampf um irdische und himmlische Ziele so eng miteinander verwoben ist, sind Mißverständnisse kaum zu vermeiden. Sie haben nach dem Triumph Khomeinis zu einer krassen Überwertung der

Sprengkraft des Islam in einem engeren religiösen Sinn geführt (auch wenn die Moslems eine solche Trennung kaum akzeptieren können). Und sie haben unter dem Namensschild des Islam auch eine Fülle von Wurzeln der persischen Revolution summiert, die es letztlich unter allen Völkern der Dritten Welt gibt – auch unter jenen, die ihre Häupter nicht in Richtung Mekka beugen.
So war es keineswegs so sehr die Sehnsucht nach dem »Gottesstaat« Khomeinis, die den Zweikampf gegen das Gott-Königtum von Mohammed Reza Pahlewi entschieden hat; nein, es war die geballte Wut gegen den »ungerechten Herrscher«. Daß diese Auflehnung in der Rebellensekte der Schiiten einen besonders festen historischen Boden hat, steht freilich außer Zweifel. Es war auch nicht so sehr der »Ayatollah« Khomeini, der den Kaiser vom Pfauenthron verjagte; nein, es war der Volksheld Khomeini. Selbst im Endkampf war seine theologische Dogmatik umstritten, unbestritten aber war seine persönliche Autorität, gewachsen aus Integrität und politischer Unnachgiebigkeit. Es war sicher nicht so sehr islamische Frömmigkeit, die Millionen Perser auf die Straßen trieb; nein, die Triebfeder war der Zorn, daß ein Alleinherrscher das alte Gleichgewicht zwischen Staat und Religion machttrunken zerstört hatte. Das ist übrigens keine nahöstliche Spezialität: überall, wo sich diktatorische Obrigkeiten als kraß antireligiös erweisen, wird die Religion als ein Mittel des Gegendrucks populärer und stärker. Es war auch nicht Khomeinis Vision von der Wiedergeburt der alten Beduinengesellschaft aus den Tagen des Propheten Mohammed, die das Volk des Iran in die Revolte peitschte; nein, es waren vielmehr Enttäuschung und Verzweiflung über einen verordneten Fortschritt, der sich schließlich als ein Gegenteil dessen erwies, als das er angepreisen worden war: ein Schritt hin zu einem besseren und gerechteren Leben.
Es ist das Dilemma aller Entwicklungsländer, daß für sie

Fortschritt immer zugleich Westen und damit Entfremdung bedeutet. In Persien gilt das vielleicht noch mehr als anderswo. Der größte Schatz des Landes ist das Erdöl. Es wurde jahrzehntelang von westlichen Experten und westlichen Maschinen ausgebeutet, um dem Fortschritt des Westens zu dienen. Der größte Stolz Persiens war viele Jahre lang die Armee, sie aber brauchte westliche Waffen und westliche Uniformen. Unter der Herrschaft der Pahlewis kamen praktisch alle Ideale und Ideologien aus westlichen Gehirnen. Das Abendland als der alte Rivale, einst Schüler islamischer Künste (Mathematik, Astrologie, Chemie, Medizin), war zum Vorbild geworden, das die Perser gleichzeitig haßten und bewunderten, das sie imitierten, aber letztlich nicht mit den Europäern teilen konnten. Erst als sich diese fremde Zivilisation als fragwürdig und in vielen Bereichen auch als unbrauchbar erwies, trat der als inferior beseite geschobene Islam wieder aus dem Schatten, wurde zum letzten Rettungsboot, das vom alten Luxusdampfer Iran überblieb.

Was der neuentdeckte Islam zu bieten hatte, war eine funktionierende Infrastruktur als sicheres Fundament im Kampf gegen den Schah, war eine antikoloniale Tradition, ein soziales Sicherheitsnetz und der Anspruch auf ewige Wahrheiten. Was er vermissen ließ, war ein eigenes Modell für eine Gesellschaft des 20. Jahrhunderts. Als ein »dritter Weg« zwischen Kapitalismus und Kommunismus hat der Islam trotz vieler Versuche seine endgültige Bewährungsprobe noch nicht bestanden. Selbst der überzeugte Gottesmann Khomeini formulierte seine poltischen Vorstellungen immer undeutlicher, je näher er der Macht rückte. Der unbeugsame alte Kämpfer spürte plötzlich, wie sich unterwegs zum Sieg eine Kluft zwischen jahrzehntelang gepredigter Theorie und konkreter politischer Praxis aufgetan hatte.

Sein altes Bekenntnis, die Theologen seien die »einzig rechtmäßigen Führer des Volkes« beherrschte die Jahre im Exil.

Kaum nach Teheran zurückgekehrt, geriet der Traum bald in das Sperrfeuer jener, die eben erst mit ihm den Schah gestürzt hatten. Sogar sein Satz von der »Aufsicht der Theologen über Exekutive, Planung und Verwaltung von Staatsangelegenheiten« (eine Praxis, die schon seit 70 Jahren in der Verfassung stand, aber von den Herrschern mißachtet wurde) einte nach Khomeinis Machtübernahme kaum eine qualifizierte Mehrheit politisch aktiver Perser. Schon mit der Volksabstimmung über die »islamische Republik«, die man ihm abgerungen hatte, beschritt der neue geistige Führer Persiens zähneknirschend ein theologisches Dornengestrüpp. Denn für ihn mußte das Votum des Volks nicht nur überflüssig, sondern letztlich sogar gotteslästerlich sein. Allah selbst hatte ja die Entscheidung zugunsten eines »Gottesstaates« längst gefällt. So konnte der Sieger von Teheran am Ende seines langen und abenteuerlichen Lebens, heimgekehrt in seine Stadt Ghom, nicht wirklich zufrieden sein. Sein persönliches Fazit glich dem Schicksal der Religion, für die er kämpfte: Er war im Kampf gegen einen Feind, den Schah, erfolgreicher gewesen als im Aufbau einer neuen, gesicherten Zukunft. Sein islamischer »Gottesstaat« schien auf die Dauer eine ebenso unrealistische Vision zu sein, wie es einst die »große Zivilisation« des persischen Kaisers war. Was die beiden Männer freilich voneinander unterschied, waren ihre Motivation und ihre Integrität.

ANHANG

Was Khomeini sagte

Über Frauen, Kinos und Banken

Über die Großmächte, Europäer und Israelis

Über Persien, den Schah und die Zukunft

In den fast 15 Jahren seines Exils weigerte sich Khomeini standhaft, seine Haltung gegenüber der persischen Monarchie und seine Vorstellungen über eine »Islamische Republik« gegenüber westlichen Journalisten darzulegen. Grollend vermerkte er, die internationale Presse schenke »ihre Aufmerksamkeit viel mehr dem Pomp und dem Gehabe, den Zeremonien und Förmlichkeiten und nicht zuletzt dem Gründungs-Spektakel des Schah. Sie richtet ihre Blicke bestenfalls auf die Ölpreise, nicht aber auf das Elend und die chaotische Lage des iranischen Volkes bzw. auf die Repressalien die es ertragen muß.« Deshalb, so meinte Khomeini, habe er während der langen Exilzeit seine Botschaft stets direkt an das persische Volk gerichtet. Erst ab Sommer 1978, als die Massenbewegung in Teheran eine neue Dimension erhalten hatte, stellte sich Khomeini auch westlichen Journalisten. Zumeist freilich nicht in Form eines Frage-und-Antwort-Spiels, sondern indem er schriftlich eingereichte Fragen in längeren Monologen beantwortete. Vor allem in den letzten Wochen vor seiner Heimkehr nach Persien war er bereit, einige Prinzipien seines Kampfes darzulegen. Aus den wichtigsten Gesprächen dieser dramatischen Wochen sind nachstehend einige bemerkenswerte Aussagen zu konkreten politischen Themen wiedergegeben. Sie stammen aus etwa einem Dutzend verschiedener Interviews.

Über die künftige Rolle der Frauen:

»Ich bin in dieser Frage ein Konservativer. In einer islamischen Republik werden die Frauen in der Lage sein zu wählen, einer Beschäftigung nachzugehen und eine höhere Erziehung zu genießen, aber all das muß mit einer geeigneten Form der Bekleidung, einem Minimum von Verschleierung und wo immer es möglich ist, getrennt von Männern geschehen ... Es war der Schah, der über die Frau sagte: ›Sie muß exotisch und verführerisch sein.‹ Es war der Schah, der die Frauen zur

Verworfenheit führte und aus ihnen Marionetten machen wollte. Die Religion stellt sich gegen solche Tragödien und Schmerzen, jedoch niemals gegen die Freiheit der Frau. Im Gegenteil, der Islam hat sich der Vorstellung der Frau als Lustobjekt widersetzt und hat ihr ihre Würde wiedergegeben.«

Über die Kinos:
»Es war der Schah, der – um unsere Jugend zu entarten – die kolonialistischen Kinoprogramme in Umlauf setzte und somit unsere Töchter und Söhne zur Unsittlichkeit zu führen versuchte, um sie von der katastrophalen Lage des Landes abzulenken. Die Kinos des Schah sind Zentren der Unzucht, sind Erziehungsburgen der Ahnungslosigkeit und des nationalen Chaos. Das muslimische Volk betrachtet derartige Zentren als gegen die Interessen des Volkes gerichtet und folglich als vernichtungswürdig, ohne daß hierfür die Geistlichkeit einen Befehl anordnen bräuchte.«

Über die Banken:
»Noch schlimmer als die Funktion der Kinos ist die der Banken, die eine wichtige Rolle für den Bankrott und die Rückständigkeit des Landes spielen. Das Volk sieht diese zerstörerischen Zentren, die unser Wirtschaftsleben zugrunde richten, als verbrennungswürdig an. Sie vernichten die nationale Produktion zugunsten der internationalen Konzerne, sie beuten das Volk aus.«

Über Persiens bisherige Rolle:
»Bisher haben die Ausländer sich ständig in unsere Angelegenheiten eingemischt, wir waren nie mehr als nur Handlanger fremder Interessen. Die Pahlewi-Dynastie wurde der iranischen Nation durch die Kolonialisten aufgezwungen. Sie hat die Naturschätze und den Reichtum unseres Landes ge-

plündert und den Ausländern freigegeben. Sie hat die Grundlagen unserer politischen, sozialen, ökonomischen und kulturellen Institutionen zerstört. Sie hat seit mehr als 50 Jahren das iranische Volk unterdrückt.«

Über den Schah:
»Der Schah ist die personifizierte politische Umnebelung. Er lebt in einer morbiden Traumwelt. Seine Verbrechen sind unzählig. Die erste Aufgabe einer liberalen Regierung wird es sein, den Prozeß gegen den Mann einzuleiten, der die Schätze des persischen Volkes auf ausländischen Banken liegen hat. Er muß sich für die von ihm begangenen Verbrechen verantworten.«

Über die kaiserliche »Weiße Revolution«:
»Was so schön ›Weiße Revolution‹ genannt wird, ist nichts anderes als ein amerikanischer Plan, dazu erdacht, unsere Landwirtschaft zu zerstören und unser ganzes Land in einen Absatzmarkt für amerikanische Lebensmittel und Konsumgüter zu verwandeln und unsere Bauern zu billigen Arbeitskräften zu machen. Die ›Weiße Revolution‹ ist schuld, daß heute sämtliche Lebensmittel importiert werden müssen.«

Über die Großmächte:
»Alle Supermächte beuten unser Volk aus. Ich finde keinen Unterschied zwischen ihnen. Dazu zähle ich auch England.«

Über die Militärberater:
»Ihre Anwesenheit bestätigt nicht nur die anti-islamische und anti-nationale Politik, sie belastet durch immense Ausgaben das Volk und sie verletzt durch ihre Macht über die Armee die Würde und die Ehre der Soldaten und der Befehlshaber.«

Über Persiens Rolle im Ölgebiet:
»Für uns ist die strategische Bedeutung dieser Region nicht dieselbe wie für jene, die mit gierigen Augen darauf starren. Wir werden gemeinsam mit den übrigen Bewohnern der Region die Sicherheit überwachen und das Eindringen der Supermächte verhindern. Eine Rolle als Gendarm werden wir nicht akzeptieren.«

Über die Nahost-Krise:
»Israel hat sich widerrechtlich das Land eines muslimischen Volkes angeeignet und unzählige Verbrechen begangen. Ich habe immer mit Nachdruck gefordert, daß sich die Moslems der ganzen Welt vereinigen und gegen ihre Feinde kämpfen, zu denen auch Israel gehört.«

Über die Aufgaben einer islamischen Regierung:
»Ihre ersten Ziele sind die Beseitigung der Fremdherrschaften und deren lokale Handlanger; die Auflösung ihrer politischen, militärischen, kulturellen und wirtschaftlichen Vorherrschaft; die Ausweisung des Kolonialismus und der Ausbeuter, gleichgültig, wer immer es ist; die Rückführung der Reichtümer und Bodenschätze des Landes an die unterdrückte, in Armut und Krankheit dahinsiechende Masse, die seit Jahrhunderten – insbesondere aber in der Gegenwart – durch die Tücken und Mißhandlungen der Herrscher mit jedem nur möglichen Unglück konfrontiert ist. In zweiter Linie die vollständige Säuberung der Ministerien, staatlichen Ämter und der staatlich-nationalen Institutionen von den Verrätern und Spekulanten; die Zuteilung dieser Ämter an die zuverlässigen und sachkundigen Patrioten; die Auflösung der überflüssigen, nichtsnutzigen Stellen und Posten zum Wohle des Landes; die Eindämmung der immensen Ausgaben und die Abschaffung der Verschwendungssucht.«

Über die eigene Rolle im islamischen Staat:
»Es ist nicht daran gedacht, daß die religiösen Führer selbst die Regierung führen. Ich persönlich werde wegen meines Alters, meiner Lage und meiner Position kein Interesse daran zeigen. Ich werde nie Staatspräsident sein, und ich werde auch nie ein anderes Regierungsamt bekleiden. Ich werde mich damit zufrieden geben, so wie in der Vergangenheit, Führer des Volkes zu sein.«

Über die künftige Staatsführung:
»Wir wollen einen Herrscher, der seinem eigenen Sohn die Hand abhackt, wenn dieser stiehlt; der seinen nächsten Verwandten auspeitscht und steinigt, wenn dieser Unzucht begangen hat.«

Über den Fortschritt im Islam:
»Wenn ein Industriestaat wissenschaftlich oder technisch etwas Neues leistet, so fühlen manche von uns ihre Schwäche und sind der Meinung, unsere Unzulänglichkeit liege in unserer Religion begründet, und es gebe für uns keinen anderen Ausweg als die Abschaffung des Islam und seiner Gesetze, um am Fortschritt teilzuhaben. Als die anderen auf dem Mond landeten, waren und sind diese Wankelmütigen der Meinung, unsere Religion verbiete ihnen, auf dem Mond zu landen!
Ich möchte diesen Leuten folgendes sagen: Nicht die Gesetze des Ostblocks und des Westblocks ermöglichten die Landung auf dem Mond. Denn es sind ja einander entgegengesetzte Gesetze. Meinetwegen können die beiden auch noch auf der Venus landen. Aber in meinen Augen sind beide rückständig, weil sie nicht in der Lage sind, in ihrer Gesellschaft die moralischen Tugenden zu verwirklichen. Der materielle Fortschritt, den die beiden errungen haben, ging zu Lasten des seelischen Fortschritts. Sie sind immer noch unfähig, ihre so-

zialen Probleme zu lösen, weil die Lösung dieser Probleme und die Beseitigung des Elends der Menschen moralische Tugenden erfordert.«

Über Persiens Kommunisten:
»Ich habe meinen Anhängern befohlen, auf jegliche Zusammenarbeit mit den Kommunisten zu verzichten. Wir wissen, daß sie uns hinterrücks erstechen werden, und daß sie – falls sie jemals an die Macht kommen sollten – ein diktatorisches Regime etablieren, das dem Gebot des Islam total entgegensteht. In Persien gibt es aber kaum linke oder kommunistische Gruppen, sie können kein Gewicht in der gegenwärtigen Massenbewegung haben. Unsere Überzeugung ist stark und fähig, sich ihrer Ideologie zu widersetzen.«

Über die Ölpolitik:
»Wenn der Zugriff der ausländischen und inländischen Ölplünderer zu den Ölquellen verhindert und das Erdöl auf vernünftige Art verwendet werden könnte, dann würden auch die Ölquellen nicht so schnell erschöpft sein. Die grenzenlose Verschwendungssucht aus dem Ölverkauf, die vom Schah betrieben wurde und die sich durch den Einkauf von Schrott zeigt, birgt dagegen die Gefahr der totalen Erschöpfung unserer Ölvorräte.«

Über künftige Kooperation mit Europa:
»Alle Projekte, die wirklich den Menschen unserer Nation zugute kommen, sind selbstverständlich für uns akzeptabel. Aber viele Projekte sind abzulehnen. Wir werden die Aktivitäten jener Firmen zu stoppen wissen, die nur ihre eigenen Interessen verfolgen und gegen unsere Nation arbeiten. Die europäischen Politiker sollen sich nicht vor einer islamischen Republik fürchten.«

Schwarzes Meer
Batumi
Artvin
Erzurum
TÜRKEI
nach Bursa
Eriwan
Agri
Baku
Kaspisches Meer
SOWJETUNION
Turkmenistan
Täbris
Rascht
Adana
Aserbeidschan
Elburs Gebirge
Mesched
Teheran
Dascht-e-Kavir
Samarra
Kurdistan
Hamadan
Arak
Ghom (Qom)
Herat
AFGHANISTAN
SYRIEN
Kadhimain
Kermanschah
Mahallat
Damaskus
Khomein
Golpaygan
I R A N
IRAK
Bagdad
Isfahan
Kerbala
Tigris
Wüste Lut
Nadschef
Euphrat
Abadan
Kerman
JORDANIEN
Basra
Schiras
KUWAIT
Kuwait
Belutschistan
PAKISTAN
Neutrale Zone
Bandar Abbas
Persischer Golf
I. Qeschm
Straße von Hormus
BAHREIN
Al Manama
Tunb-In.
SAUDI-ARABIEN
I. Abu Musa
KATAR
Doha
Dubai
Golf von Oman
Abu Dhabi
Er Riyad
Masqat
0
500 km
VER. ARAB. EMIRATE
OMAN

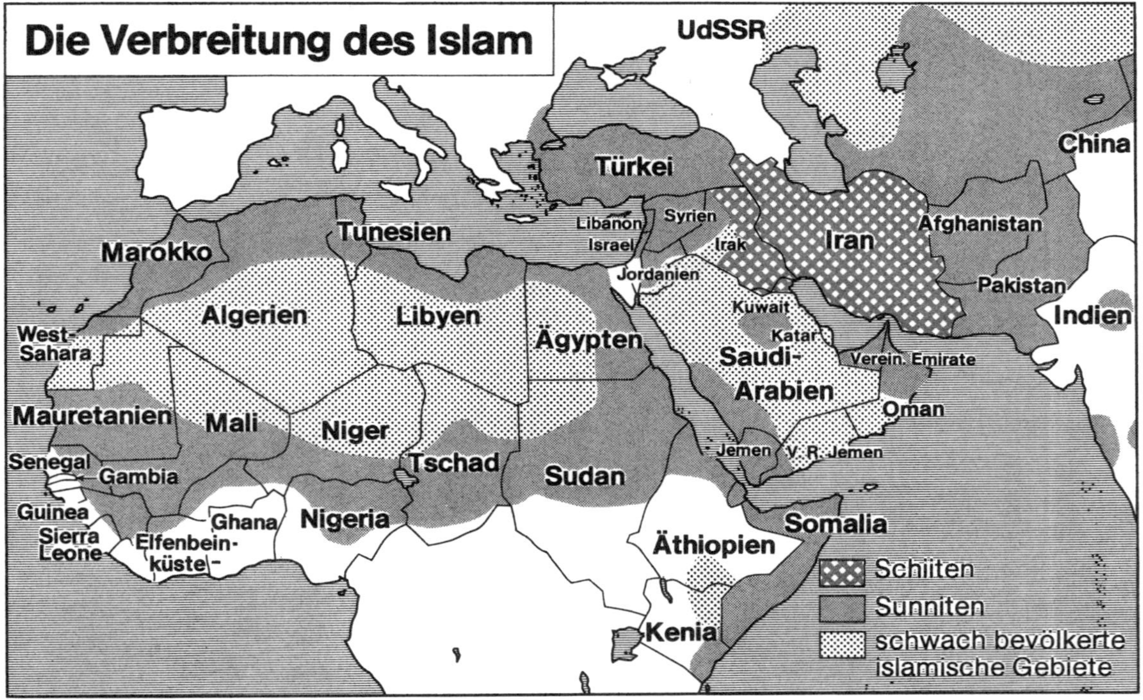
Die Verbreitung des Islam
UdSSR
China
Türkei
Marokko
Tunesien
Libanon
Israel
Syrien
Irak
Iran
Afghanistan
Jordanien
Pakistan
Indien
Algerien
Libyen
Ägypten
Kuwait
Katar
West-Sahara
Saudi-Arabien
Verein. Emirate
Oman
Mauretanien
Mali
Niger
Tschad
Sudan
Jemen
V. R. Jemen
Senegal
Gambia
Guinea
Ghana
Nigeria
Somalia
Sierra Leone
Elfenbein-küste
Äthiopien
Kenia
Schiiten
Sunniten
schwach bevölkerte islamische Gebiete

Namenregister